宗教とは何ぞや

鈴木大拙

河出書房新社

宗教とは何ぞや

◉

目次

装幀――山元伸子
カバー写真©ＰＩＸＴＡ

宗教とは何ぞや

宗教入門

1

「宗教と云うは一体何だ」と、これは能《よ》く人に問われる問題である。この問いの中には、「そんなものは有っても無くてもよいではないか」と云う意味が含まれているのである。

この問いに答えることは容易であり、また甚《はなは》だ困難である。容易と云うのは、実際に宗教の何たるかを体験したものにとりては、その体験のままを表白すればよいからである。烏を黒いと云い、雪を白いと云うと同じように、何でもないのである。が、これを体験しない人から云うと、なるほど雪は白く烏は黒いが、そこにどんな宗教があるか、とんとわからぬのである。説いて話すのはやさしいが、これを受け入れてわかるのは、決して容易なことではないのである。

自分の知人に、世間底から見ると、誠に明敏で、思慮分別も周密で、美術をも鑑賞する力があり、実業家としても第一流の人才である人がある。宗教にも関心を持っておられるが、そうしてこれに関しても大分熱心に聞かれるようであるが、「どうも宗教（今の場合では仏教）はわからぬ」と云うのである。いくら理窟を云うても、宗教はそれでわかるものでないことは、今更弁ずるまでもないが、その故《ゆえ》に宗教を説くことは容易ではないのである。説くことが容易でないのではなくて、これを自分のものとして呑み込むことが容易ならぬのである。

それなら宗教を説く人が悉《ことごと》くわかっているのかと云うに、これが必ずしもそうでないのである。わかっていもしないのに能く説くことが出来るものだと云われましょうが、それが或る程度まで可能なのである、受売りと云うこともあり、セコンド・ハンドだと云うこともある。全く鸚鵡《おうむ》のようだとは云われぬかも知れないが、随分それに似ていると云えぬこともない位に、中々旨く説く人もある。坊さんや伝道師で地獄に堕ちたものが中々多いと云うことだ、嘘ではあるまい。

宗教は、説《い》いてもわからず、説くものもわからぬとあっては、それならどうしたら好《よ》いのか。宗教とは、ほんの少数の択ばれた人でないとわからないとすれば、世間には余り役に立たぬものだとの結論になるかも知れぬ。択ばれた少数の人の所有だから世間の役に立たぬと云う論理は必ずしも成立しない、少ないから却《かえ》って役に立つ場合も中々に多い。本当の天才なるものは各方面で頗《すこぶ》る少ないものであるが、一人の天才の出現の故に、その方面で大いに清新の空気が横溢して来たと云うこともある。宗教の場合もそのようなことが大いにある。或いは宗教にこのような例が多いと云われるかも知れぬ。

一人の偉大な宗教家が出ると、その人のまわりに多くの信者が集まる。信者は、必ずしもその人の宗教経験を分けもつと云うことでなくても、その人の徳に包まれて、何となくその人の到達した宗教的生活の水準まで自分等も上ったような気がする。或いはそこまで実際に上らぬまでも、その人に就《つ》いていると、何だか自分等以上のものがそこから出て来て、普段の境界よりもより広いより深いものに接するような心持になる。彼等はそれに曳かれて「善光寺参り」をするわけなのである。

して見ると、宗教は生活そのもので、説くべきでないと云ってよいと思う。云うものは知らずと云うこともあるように、或いは益々《ますます》弁じて益々わからぬのが宗教なのであろうか。釈迦は「四十九年一字不説」と云われたと伝えられるが、如何にもその通りで、聞いているものが如聾如唖であったとすれば、仏の広長舌——三千大千世界を覆うと云う広長舌——も説不説であったと云わなければなるまい。併《しか》し今に尚お曲りなりにも仏法が伝わっているとすれば、宗教にも、何か説いて説きつくさざるまでも、その髣髴《ほうふつ》を窺わせるものがあるわけではなかろうか、大宗教者の生活そのものが「説法」の影に映し出されているのではなかろうか。

これを云い換えると、いくら籬《まがき》を隔てても、煙を見れば是《こ》れ火なることを知るで、煙も見えぬと火の在処《ありか》はわからぬのである。即ち如何《いか》に高いまたは深い宗教生活でも、それを映すものが何か此方《こちら》にないと、それに引かれる気遣いはないのである。つまり、此方にも煙があるので、向うの火を火と見ることが出来、また此方の煙をいくらかなりともいつかは火にまで燃え出さしめ得る次第であろう。

キリストも「汝等信薄きものよ」と云い、臨済もまた、「人信不及」の故にとか、「少信根の人」とか云うのである。「汝等信なきものよ」と云う場合でも、始めから無信なら「無信」と罵ることもいらぬが、何か信の種子——芥子粒のようなもの——でもあると仮定し得べきものがあるから、「無信のもの」と責めもし、また「少信の人」と云いかけることが出来るのである。即ち此方に、何か向うのものに応じて、それを受け入れられるものがあるから、向うの方で「おい」と呼びかけて来るのである。

それからまた、「耳あるものは聞け」とか、「目あるものは見よ」と云うことがある。これも、聴衆の何《いず》れもが、何か耳らしいもの、目らしいものを持っているからのことである。臨済もまた「目前聴法底人」と云うのである。キリストの「耳あるものは聞け」と同じだ。キリストの「聞け」・「見よ」は、臨済の「目前歴歴聴法底」に外ならぬのである。何か別のもののように考えられるかも知れぬが、両人の指すところは同一の方面である。彼等はこれで説法の可能性を証拠立てていると云ってよい。

これで見ると、宗教は外から説法によりてわからされるものでなくて、内から聞法を機縁にして自ら開けゆくものであると云わなければならぬ。そうしてこの説法の言葉なるものは、これを聴く人々の個人的なるものによって相違するのは勿論であるが、その個人の置かれてある時代と場所とによりてまた自ら相違するものである。場所について云えば、香積《コウシヤク》国では、如来は「文字の説なく、但《ただ》し衆香を以て、諸天人をして律行に入得せしむ」るとのことである、それからこの娑婆では、「衆生《しゆじよう》が剛強で化し難いので、仏はために剛強の語で説法してこれを調伏《ちようぶく》せしめる」（維摩《ゆいま》経、香積仏品第十）と云うのである。これが極楽になるとまたその趣きを異にしたものがある、「かの仏国土では、微風が吹くと諸々の宝行樹や宝羅網がうごいて微妙な声を出す。……その音を聞くと、皆自然に念仏・念法・念僧の心を生ずる」（阿弥陀経）と云うのである。ここでは別に仏の説法がない、吹く風が説法する、鳴く鳥が説法する、流れる水が説法する。これを聞くともなしに聞くと、そこの住人は何れも宗教生活の妙趣に浸ると云うわけである。

極楽と云う場所、裟婆と云う場所で説かれる宗教の言葉には、それぞれ特殊のものがあるが、裟婆でもその時代によりて説法の形相とか様式とか云うものが相違するは勿論であろう。個人の場合でも、少年時代、青年時代、成人及び老人時代なるものがあって、各々その受入れ方が違い、また聞かせようが違うのである。男女の間でもこれらの点について様々の差等がある。

ここでまた問題はもとへ戻る、曰わく、「宗教とは何だ」と。「宗教は生活だ」とだけ云っても、その答にはならぬ、「何だ」と問い出した時、既に生活そのものを離れて、概念的になったからである。「菊を東籬《とうり》の下に採り、悠然として南山を見る」と云うだけでも、その人を想い出せるが、それよりも陶淵明その人を、此処《ここ》へ、吾等の目の前へ放り出して、実際に菊を採らして見る方が全然効率的である。野の百合花がソロモンの栄華より見事だと云うキリストを今吾等の間に往来させて、彼と人格的交渉が始まれば、それに越した説法はないであろう。併《しか》し実際を云うと、古来の宗教者をそのまま拉《らっ》し来って、近代の吾等の仲間入りをさせても、「璽光様《じこう》」〔新興宗教「璽宇教」教祖・長岡良子〕ほどの人気はないに相違ない。そこでこのような論文も草せられなくてはならぬと云うことになるのである。

併しここに記憶すべき一事がある、それは、この論文は畢竟《ひっきょう》ずるに一篇の論文に過ぎないので、これで以て読者を特定の宗教に引き入れようとするのではないと云うことである。それが本当の意味の「説法」であろうが、この一篇には実際的・宣伝的効果を狙うと云う目標はないのである。

それならと云って、純粋に学術的に客観的に、宗教と云う人間経験を吾等の生活から切り離して検討するのが、目的でもない。ただ「宗教とは何か」と云う問いに対して、素直に、通俗的に、この雑誌〔『知と行』〕の読者と考えられる人達にお話すると云う位のことである。

2

まず今日はどんな時代であるかを述べて見たい、これを背景にすると、「宗教とは何だ」と云うことが説き易《やす》くなるか知らんとも思うのである。

A・N・ホワイトヘッド（Whitehead）と云うのは、近代の哲学者で、最も独創的な意見をもつ人のひとりであるが、その人の著述の中に、「宗教の製作」とでも訳すべき一小冊子がある（一九二七年発行）。その中に、宗教には硬化する傾向があって、そうなると狭隘性を帯びて来て自ら限ることになり、そのままでは却《かえ》って虚偽なものになるものであると云っている。それで今日のキリスト教も仏教も、現代思想に対して決定的影響を及ぼさなくなる。それは、キリスト教も仏教もお互いに、自分だけが、真理の把握者、信仰の護持者、理論的体系の持主であると云う自惚心《うぬぼれ》のために、却って自らの進展すべき前途を梗塞《こうそく》するからである、真理の泉は汲めども竭《つ》きないもの、その根柢は絶えず培養土を要求するものであると云うことを忘れているからである。これで両教は何《いず》れも生生発展の気力を失うことになったが、近代に至りて、彼等は更に一大強敵の脅かすところとなった。強敵と云うのは科学である。彼等にはもはやこれを取り入れるほどの弾力ある生命が失くなったかとさえ思われるのである。彼等は実に宗教の諸問題を日常の実際経験の上に試すことを忘れているのである。これがホワイトヘッド教授の所見である。

キリスト教及び仏教の頽廃――殊に後者の頽廃――、偏枯瀕死の様相は兎に角として、ホ氏の所謂《いわゆ》る宗教の強敵なるものは、近代勃興の科学《サイエンス》である。そうしてこの科学が実に近代人の文化生活の背景を形成しているのである。科学が果して宗教を脅威するものであるかどうかは別の問題としても、近代人は何事を話すにも科学に触れないわけには行かないのである。

科学は元来知識の義であるが、それが時を経るに従って特定の意味をもつようになった。即ち科学は、それぞれに或る限られた事実の観測から始められ、それらの間に発見せられる一般性の法則の研究であると云うことにしてよかろうと思う。このような研究の始まりは、今から三百年ほど前に、ガリレオ（一五六四―一六四二）が、フロレンス市の斜塔から二つの重さの異なった物体を落して、それが同時に大地に落ちついたことを試験してからである。ガリレオから百五十年間ほどは、即ち十八世紀の末頃までは、科学は学者間の研究課目であったに過ぎなかったのであるが、それが最近百五十年間に目まぐるしいほどの発展を遂げたのである。固《もと》より学者の手を離れたと云うわけではないが、科学は普通一般の人々の日常生活に深く烈しく入り込んで来たのである。この百五十年を科学以前の五千年に比すると、科学が人間の集団生活の上に及ぼした変化の大なることは、実に言語に絶するものがあると云えるのである。科学の爆発力とも云うべきものは底知れぬ強烈性をもっているので、これからさき人間の生活はどのような変化を受けるか、人智では実に測り知られぬのである。

原子核の破壊と云うことは既に知られていても、これを実際にすることは今度の戦争までは出来ていなかった。それが戦争と云う大事件に刺戟せられて、多くの科学者の協力と巨額の金銭を使用して、今までに知られていなかったほどの大破壊力を有する爆弾を製造するに成功した。それで十万以上の人命は文字通りに朝霧の如くに消えて行ってしまった。そうしてそれが使用せられて二年も未だ経たぬうちに、それよりも何倍と云う破壊力を持つ爆弾が既に製作せられたと云うことである。専門家に云わせれば、今後十年と経たぬうちでも、この方向、即ち人間相互の大量殺戮の面に向っての発明は、底止することを知らぬほどだろうと云う。有毒な瓦斯《ガス》、強力な病菌、その外、敵を一挙に殲滅するに足るほどの各種の武器が次から次へと発明せられる可能性のあることは、素人の吾等でも容易に予測できるのである。

今までは、人道とか宗教とか云うものの面から見て戦争防止策を講じなくてはならぬと騒いだが、それよりもさきに、科学技術の面から、物理学的に、戦争が自ら中止せられなければならぬようになるであろう。科学が科学だけに止まる間は、人間が自然界に対して持ち得べき知識の躍進と云うことで済んだであろう。人間もそれで好奇心を満足させ、知識欲を充実させ、更に宇宙の各方面に向って、未探検の神秘を発《あば》かんとする冒険心に鞭打つと云うことで済んだであろう。ところが、人間はこの知識に技術を加えるようになった。即ち科学は人間生活以上に実際化せられることになった。今までは自然力に制せられて、何事も運命だとか業報だとか云って諦めていた人間は、今度は鉾《ほこ》を逆にして自然力の駆使と云う方向に一転した。ただ自然に打ち克つと云うことでなくて、人間はそれを自分等の欲望を満足させる手段にしだした。集団的生活の全面に各種の福祉をもたらす施設を発明すると云うことだけでなくて、絶対主権を有《も》つと云う諸国家間の闘争を激成するような形勢をも助長させることになった。そうしてその窮するところは、却《かえ》って今や人類相互の殺戮即ち滅絶と云うところにまで到らんとしているのである。

今までは人間は、自然に対して余り関心をもたず、従って天変地異なるものに対しても極めて従順であった。或る時はそれは見えざる神の罰であると想像して、それと人間生活の価値観との間に何か関聯があるものとさえ思い定めるようになった。ところが、科学の発展につれて自然の秘密が少しずつわかるようになると、人間はその知識に技術を加えて自然を逆襲し始めた。「自然を征服する」と云う思想は、その頃から次第に旺《さか》んに用いられた。元来、科学の創造者である西洋民族は、東洋民族ほどに、自然に対して宗教的敬虔の念をもたぬ、それで科学的技術は擅《ほしいまま》に自然に加えられ、それをして人間の役に立たしめんとすることになった。ところが、この人間と云うのが善悪混淆の動物なので、自然を善悪の両面に役立てようとするのである。原子核破壊がまず人間殲滅戦に利用せられんとするのを見ても、これからの科学技術がどの方面に使われる可能性があるかを推知できよう。原子爆弾の脅威で戦争なるものが却って人間世界から消えて行くことになれば、それはもっけの幸いである、過ちの功名なるものであろう。

それは兎に角として、科学とその技術の向上は、人間と人間との関係、人間と自然との関係の上に、従来未《いま》だ嘗《かつ》て見なかった変化をもたらすことになった。そうして、この変化はどこまで進展するか、今のところ固《もと》より予料不可能である。それで、科学は吾等の人間観及び宇宙観を一変せしめたと云ってよいのである。

近頃は、生殖細胞核に一種の光波か電波かを加えて、その遺伝性能に何かの変化を生ぜしめ得るとの実験が報ぜられている。これが技術的に可能な時代が来ないとも限らぬ。これで生殖細胞核の分裂方法が人為的に左右せられると、優生学も一種の外科的技術になるかも知れぬ。今日でも、人間の人工栽培が、科学的に可能だとか、既に実行せられているとか云う新聞記事もある。生命の人工的創造即ち合成的・化学的製作は未《ま》だのようであるが、産児制限の方は既に広く行われている。後者にどれほどの科学的確率性があるかは未知であるとしても、今後の人間生活はこの方面に向って、益々科学的に、益々技術的に発展するものと考えなくてはならぬ。

人間の性格と云うものを色々の面から考えて見ると、地球の冷却を待たずに、人類は自分で絶滅の途《みち》を次第次第に辿って行くものと考えざるを得ないものがある。科学と技術は、固より一面において人間を長寿ならしめ、社会的施設を完備せしめつつあるが、また一方ではこれに逆行した事象を見ないでもない。畢竟《ひっきょう》、人間に共同生活または共同福祉と云うような共同感が支配的にならぬ限り、吾等は個我の便利を第一に考える慣習から離れるわけに行かぬ。個我の外に国民我または国家我と云うものがある。今日では、これが吾等の思想・感情・行為を支配する大勢力となっている、従って科学と技術とはこの支配下でその威力を益々発揚するにきまっている。戦争は、国家我または国民我、または或る時は民族我と云うものの在る限り、決定して避けられるものではないのである。

3

集団的生活圏内における科学技術の影響を一瞥すると、これまた、前途を予測できぬほどの変化がある。娯楽の面ではまずシネマをあげ得る、公益と娯楽とを兼ねたものに、ラジオがあり、近頃はまたテレヴィジョンがある。日本では今のところ飛行機が使われないが、これなども近代発明の最も革命的なものと云うべきだ。太平洋も何時間かで無著陸で一飛びに飛べると云うことになれば、世界も縮小せられたわけである。無線電話で日本とロンドンとで話が出来る、テレヴィジョンがここで実用化すれば、向って話し合うことにもなるではないか。天然色の写真、輪転機の印刷、ペニシリンやストレプトマイシンなどの発明、レーヨンやナイロンなど云う人工絹糸、その外各種の合成品、闇や雲を通して見える赤外線写真、千里を隔てて見えるレーダー機、電子顕微鏡、分光器の完成等、自分等素人でも数え上げられないほど多数の機械類が、最近百年間に発明せられている。自分等の児供時代には菜種油の行灯《あんどん》で読書したものであるが、それが石油ランプとなり、瓦斯《ガス》灯となり、今日は電灯になった、やがてこれも蛍火灯——光はあれども熱はないと云うもの——に取り替えられるに極《き》まっている。このようなわけで、今日のところでは、どんな発明があっても吃驚《びっくり》しないことになっている。

近代生活の科学技術化と云うことは、便利なことは固《もと》より大いにこれありであるが、それは他面にすべての物事が機械化し、組織化し、規格化して、一定の標準で統制せられると云う意味をもつ。これがまた善悪両面に利用せられる。

科学が政治面に現われると、全体主義・軍国主義・共産主義など云うものになる。これらは何《いず》れも、予《あらかじ》め一つの思想体系を意識的に取り立て、それで政治・経済・社会万般の施設を規制して行こうとするのである。そのうち殊に科学的なのは共産主義である。既成の政治的地盤を全面に顚覆して、その上に新たなイデオロギイを築き上げんとするのである。そうしてそれを実行面に移すに当って、苟《いやし》くも何かの意味で障礙《しょうがい》になると考えたものは、容赦なく、人間的情意を無視して、それを取り除くのである。丁度《ちょうど》科学者が、自分の研究範囲内へ不要と認めたものが這入って来ると、それを除去して、統一の破れざらんことを期すると同じである。科学の面では厳格な論理と云うことになるが、政治の面では、論理と共に、冷酷、或いは残忍と認むべき処置を敢行して顧みないのである、それから国際の関係において、権謀術数の限りを尽くして少しも顧みるところがないのである。目的のためには手段の善悪是非を択《えら》ばない、善いと定めた目的が達せられさえすれば、それでよいと云うことになるのである。

このような政治組織においては、全体の統一が最高目的であるから、能治者と所治者との系列は儼然《げんぜん》として強守せられるのである。この点においては、共産主義政体は独裁専制の国家主義政体とかわるところはないのである。個人の自由は云うまでもなく、結社・集会の自由、言論・評議の自由、信仰・思想の自由などは決して見られぬのである。集団の生活は一つの枠の中に押しつめられてしまうのである。それで「下々《しもじも》」の生活状態は向上したかと云うに、それはまた別問題らしい。主義の完全な遂行までは、その途上には幾多の困難が伏在するのだから、それまでは無理も非理も忍ばなくてはならぬと云うのが、その主義者の云い草である。子孫のために多くの犠牲を払うことは、それでよいとしても、それがために、何度も何度も重ねなければならぬ非道の行為を何とするか。目的は却《かえ》って手段のために内部崩壊をやらなければならぬと云うことはなかろうか。何《いず》れにしても共産主義は、圧迫に慣れた民族、生活標準の余り高くない民族、教育も余り行き届かず、世界全般に関する知識も余り広からぬ民族の中に、最も能《よ》く実現する可能性を持つものではなかろうか。

これは英国の雑誌（一九四六年九月の『アワー・タイム』）で読んでのことなので、精しいことは話せないが、大体において素人の吾等も同様の意見になるのである。米国の社会学の大家、特に都市生活に関する権威であるルイス・マムフォルドによれば、今後の都市を建設するには余程考えなくてはならぬ、うっかりすると、都会人の生活は一種の自動機械となるより外ないと云うのである。実際を云うと、自動機械になるのは都会人だけでなく、人間社会そのものが全部をあげてそうなるのである。即ち、社会は使うものと使われるものとの二階級に分れる。資本階級と労働階級の闘争だと云って、後者は組合を作って前者に反抗するのであるが、そうして共産主義者は全く資本階級をなくしたいと云うのであるが、共産主義社会には、一般の民主主義社会よりももっと露骨に、使うものと使われるものとの二階級が判然と分割して現われるのである。使われるものは文字通りに奴隷的生活を送るのである。

新聞や雑誌と云うものがあって、言論の自由がどうのこうのと云われるが、自由主義の社会でも、その時時の権力者・資本家などの目に見えぬ圧迫で、自由の意見は新聞にも雑誌にも掲載せられぬのである。この圧力は労働組合から出ることもある。特に日本など云う国では、今までは軍閥、この頃は労働組合と云う塩梅《あんばい》に、何かの圧力がどこからか加わって来て、言論の自由は実現しないのだ。資本の力で、出版物が制限を色々の意味で受けるだけでない、労働組合が何かの行懸りで頭を振ると、やはり自由な表現が出来なくなる。

シネマの製作者が、こんなものを見せてやろうと考えて、金をかけて、何とかかとか宣伝をやたらにやれば、群衆はそれを名作だとして囃《はや》し立てる。ラジオもその通りである。模倣とか雷同附和とか云うことは、社会形成の原動力で、人間はこれあるがため集団的生活をやって行けるのであるが、近代のように科学的技術の発達が加速度で進むと、人間は全く自主自律性を失うことになる。云い換えると、人間は機械になる。機械は、これを使うために人間が作成したものであるが、愈々《いよいよ》作成せられると、人間は却ってそれに使役せられざるを得ないのである。実は、機械だけでない、人間は道具を作る動物としてあるが、その道具が人間に逆襲して来るのである。道具は死んだものだと考えがちであるが、中々そうでない、道具にも作者の魂が這入っている。ただそれだけでない、道具は道具として生きものである。道具のティラニイは吾等の日常経験するところである。道具ですらその通りであるが、機械は道具の進展したものとして、道具よりも一段の圧迫力をもっている。機械は各種の動力で養われる、この供給が不十分だと働こうと云わぬ、大量生産も何もあったものでない。近頃の日本や欧洲諸国が、石炭不足で、生産機能が如何に麻痺状態に瀕しているかを見れば、上来の所述はわかると思う。

科学技術は今日の社会を作り出したが、今日の人間はその科学と技術との奴隷になってしまったと云ってよい。云い換えると、今日の社会は、作るものと作られるもの、使うものと使われるものとの二大陣営に分れてしまったのである。資本階級に対して立つ労働階級があれば、闘争も可能であり、或る意味では、社会も生き生きして見えるが、使うものと使われるものでは、使われるものの方から挑み出る闘争力なるものはあり得まい。使われるものは、或いはいつまでも使われるもので済むかも知れない。蟻群か蜂群の集団生活のように、人間の集団生活も、生むものは生み、働くものは働き、使うものは使い、使われるものは使われると云うことになってしまうのではあるまいか。

4

科学技術の発展は国際戦争を惹起する素因となると云うと、直ぐには受け取りにくいであろう。が、科学の進歩、技術の精巧、組織の完成などから機械工業の発展を促進させ、それから資本の蓄積をいやが上に大ならしめると、生産は社会生活の各部面に亘って日に日に旺盛を加うることになる。生産品を売り捌《さば》く領域が広められなくてはならぬ。産業者の生活標準は高められる、高められたものは、少なくともいつもその程度で維持せられなければならぬ。他国から安い製品が捨売り的に輸入せられて来ると、自国の製品が売れなくなり、資本が動かず、機械が眠り出し、経済が沈滞する。そうなっては大変と云うことで、或る製品に対しては政府の保護金を貰い、また他のものに対しては関税の障壁を高くせざるを得なくなる。地球の面積は限りあるので、植民地をむやみに拡げるわけに行かぬ、原住民をやたらに搾取するわけに行かぬ、各国間の経済面における闘争は年を逐《お》うて深刻ならざるを得ない。

　各国間の経済闘争は、近代における人間生活の国家面に生じた一現象である。経済闘争なるものは、一面内部に向っては各国家内における生産施設の統制を余儀なくせしめ、外に向っては他国に対する自国本位の意識を何かにつけ強固ならしめるのである。経済闘争は、終《つい》には武力闘争にまで発展しなければ止まないものである。

『平和の解剖』の著者エモリイ・リイヴズの所見によれば、曰わく、近頃の世界経済とか国際貿易と云うものは、その実貿易でも経済でも何でもないので、経済戦争である、貿易戦争である、国家外における一切の経済活動に対する支配的動機は、商業でもない、生産でもない、消費でもない、利益追求ですらない、但々《ただただ》自国家の経済力をあらゆる手段で強化せんとするのが、その目的なのである、と。

国家の全経済力を鞏固《きょうこ》にすると云うことは、昔のような、国内における自由競争または自由企業組織で出来るものではなくなった。経済闘争では、国内も国外も、一定の方針で、すべての機関を企劃化しなければならぬ。資本主義国家・自由主義国家も、今日のところでは、社会主義国家、或いは国家社会主義国家に転化すべき運命を持つと云える。これは今次の世界大戦争を逆行せしむるものだとも云われよう、見ようによりてはそうだと云えぬこともない。但《ただ》しドイツの場合では、国家意識または国家我がすべての行動を支配し、この「我」の前には国際間の協約及び道義など云うものを一切無視して、極めて露骨な攻撃的・侵略的・帝国主義的行動に出ているのである。如何に世界的経済闘争と云っても、あれほどあけすけに、そうして向う見ずに行《や》られては、平和を愛好すると云う国々では黙していられないのが当然である、否、それどころでない、ともすれば自国家の生存さえ脅かされるのである。

併《しか》しながら、今日の勢いで進めば、即ち今までのような国家観で行けば、自他併亡の大惨劇が目睫《もくしょう》の間に迫ると云われないこともあるまい。そうして愈々《いよいよ》となれば、各種の殺戮器具は、大量に生産せられ、卸売り的に使用せられることは云うまでもない。

5

兎に角、近代生活の基調は科学であると云ってよいと思う。思想も、科学的で実証的で人間的である。経済機構も、科学的に組織的に能率的に組み上げられる。工業は、固《もと》より科学的理論を土台にして技術的巧智の極みをつくす。社会の組織さえも、ただ歴史的に伝統的に進展することを許さないで、新たな構想の下に、科学的に体系的に革命的に、そうして或る場合には実験的にさえ、それを具現させせんとするのである。上述だけでも、この傾向の大綱を攫《つか》み得ると信ずる。そうしてその成績はどうかと云うに、この論文の関係範囲内だけでまとめて見ると、左記の項が目につく。

第一に、「自然の征服」である。自分等の立場から云うと、征服と云う考え方には大いに不満であるが、一般の人々は実に爾《し》か信じているのである。飛行機で空を飛んだり、短波ラジオで海を隔てて談話を交わしたりすると、それを空の征服だと云う。山に登れば山の征服、南極を窮《きわ》むれば地球の征服、何億光年の天上にある星を写影すれば天体の征服などと云うのである。大地の上に出来るものを水の中で栽培したり、生殖細胞核を自由に分裂させたりすれば、それは生命の征服である。その外、どんな瑣事でも、自然の理法を発見して、それに随《したが》って、自然の力を利用して、人間の役に立つようにすると、それは皆「自然の征服」だと云うことになる。

今までの人間は自然的環境に圧迫せられて来たのであるが、これからはそれと反対に自然をして人間の奴隷たらしめんとするのである。成上がり者の癖として、新たに獲得した力は必ず濫用するものである、今までの腹癒《い》せと云う心持であろう。近代の人間にも大いにこの傾向が見える。人間は宇宙の主人公である、何でも勝手に使って人間の欲望を充たして可なりと云うのである。自然の資源のあるに任せてこれを発掘して使い果せば、いつかは消耗し尽くされるにきまっているが、「その時はまたその時だ、何か新しいものを工夫するまでだ」と云うのである。これで人間は自分の力に対する十二分の自信を得たので、天下を横行闊歩する勢いである。

それで、人間主義と云うものが近代思潮に対して支配力を持つかの傾向を示すようになった。今までは、自然中心主義とか、或いは超自然主義とでも云うべきものが、吾等の考え方を制扼《せいやく》して来たのである。然《しか》るに異常な科学の進展は、近代人をして、今や新たなルネサンス時代を作らしめんとするものがあるのである。人間を信じ、理性を信じ、技術を信じ、力を恃《たの》むと云うのがその底流を形成している。併《しか》しこの力と云うのは、主として自然を対象としていて、そうしてその自然を物質面から解釈するのであるから、力主義は自ら唯物論的とならざるを得ない。従って自分等の存在をも身体的以上に見ることが出来なくなるので、力はまた個我を中心として発揚せられることになる。自然と自分との対峙を、唯物論的に、そうして個我中心的に見ることになると、個性は個我欲の侍婢《じひ》とならざるを得ない。技術力もまたこれに追随して、人間の「無意識」を占領している魔王的なるものとの協力を約束することになるのである。近代科学の進出は、このようにして、人間が本《もと》から持っているところの矛盾をこの上なく強調することになったのである。

この矛盾の最も著しい表現は、自分が主人だと思わされた人間が、却って奴隷だと云うことになったことである。自然の征服を八釜敷《やかまし》く云っていながら、その征服の力は却って自分を斬るものになった。原子核の破壊を発明したと誇称する人間は、今やそれの故に自分等をどうしてその破壊から救うべきかと苦心を重ねなくてはならぬことになった。人間は機械の創作者と考えていたのに、その作製品は必ずしもいつも人間の頤使《いし》に甘んじないで、隙さえあれば、製作者をして却って自分等に侍《かしず》かしめんとする。機械は各種の動力を食物とする、この食物がなければ働かぬ。そうしてこれが、いつも自由に得られ、ふんだんにそこらに転がっているわけではない。機械が動き出すと、どんどん大量生産をする、供給過多になる患がある。一たび過多性の患者となると、作製家の値打ちは下落する。これを海外に売り出さなくてはならぬ。これがためには、実力、即ち暴力、即ち武力、即ち計劃的大量殺人術の行使をも厭わぬと云うことになる。他を殺せば自分も殺される。このように積極的行動に出ない限りは、機械的製品または農作物の生産に制限を加えなくてはならぬ。この制限は生産品そのものの濫費または焼却と云うことになる。生産経済は消費経済になる。天然資源の濫費は云うまでもなく、これより生ずる人間の道徳的頽廃は救う途《みち》がない。自然を征服した人間は、自然のためにいやと云うほどの逆襲を受けなくてはならぬのである。

神の前に人間は平等だとの思想が民主主義の基礎概念だと云う人もあるが、人間だけでなく一切衆生平等観は仏教の方がキリスト教よりもずっと徹底している。が、東洋民族の間では、民主主義が発展しないで、却って専制政治主義を称揚せんとする傾向をさえ有する。一神教のキリスト教徒間に民主主義・自由主義・個人主義のようなものが盛んに唱えられ実行されて来た。キリスト教国の政治は必ずしもいつもその教会から涌出《ゆうしゅつ》しない、もしそうであったとすれば、世界戦争も労働争議も階級闘争も国際紛議も何もかも、疾《と》くの昔に解決していなくてはならぬのである。人間民主主義などの発展は、何《いず》れも近代になって人間中心主義が唱えられてからのことである。人間中心は、科学と聯関する自然に対して人間が主体的態度を取るところから出る、つまり理性偏重主義・力概念など云うところから出る、これが集団的生活面に現われると民主主義である。神の前での平等では、尚お上に神を持っている、神あっての平等である、条件的になる。理性の所有者、力の行使者、身体的個の存在と云う考えが出ると、集団の構成員は何《いず》れも自主的になる、これが民主主義である。科学主義は民主主義を育てる温床であると云ってよい。

ところが、この科学主義なるものは、純粋に、夾雑物なしに、またその裏をつくものなしに、自分だけで存在し得ないものである。知的に抽象性をもつものは、それ自身で生きて行けない、その裏付けをしてくれる情性的で具体性をもったものが要求せられる。人間の「無意識」裡に潜在している魔王的なものは、十分に克服せられていない限り、何かの機会に頭を擡《もた》げたがるのである。心理学者はこの頭擡げを補償《コンペンセーション》と名づける。科学は必ずしもこれを意識していないが、それだけに補償を求める「魔王」の要請には抵抗し難いものがある。この力の前には科学主義もたじたじである、直ちにその駆使に甘んずることになる。科学はその有《も》っているすべての組織力・技術力など云うものを、主人の前に提供して、その命令を受けるのである。

これはどう云う意味かと云うに、科学が自分で守り立てたものを、また自らで破壊すると云うことなのである。個性を重んずる人間主義が、今度はその個性を無視し、人間を道具視するのである。個己孤立的に遠心力的傾向を示した民主主義が、全体主義・国家主義など云う求心力的政治に転化するのである。魔王的なものは、元来が渾沌で全統制で奔放不羈なものであるが、そうしてそれだけに却って自らの破壊力を十分に発揮し得ないのであるが、今や科学とその技術とを自らの勢力下に服さしめると、その暴威は体系的なものとなる、従ってその威力の波及は予測できなくなるのである。第一次世界戦争も第二次のも等しく如上の経過で勃発したものに外ならぬのである。

政治の求心力的体制と云うは国家主義のことである。秩序とか組織とか云うものは、何かの中心がある時、その力を最強度に発揮する。そうしてこの時に発揮する力なるものは、決して人間的なものではない、人間以上であるが、非人間的である。人間性を無視したものが、所謂《いわゆ》る全体主義・国家至上主義・絶対主権説など云うものから発生する。人間主義（または人間中心主義）を強調すると信ぜられた科学主義の中から、却って非人間性の魔物が飛び出すのである。人間主義は今や大いに非人間性のものとなった。人間主義は、人間をして人間以上たらしめんと勉めることの代りに、その人間性と認めたものを保存し護持せんとした。が、それは人間性を純化することにならないで魔性化することになった。国家と云う超人間性の体制は、その非人間化と云うまでに、人間の堕落を招来することになった。

非人間性が科学主義そのものに在ると云うわけではない。科学は元来無記性《むきしょう》のものであるから、人間性否定の方向にも肯定の方向にもまた向上・向下の方向にも動き得るのである。但《ただ》し科学する人間そのものの「無意識」に割り切れぬ暗影――これは魔物性のものであるが――が在る限り、科学意識はその暗影を映すより外ないのである。集団的生活の基礎をなすものは個人であり、この個人意識の裏に一つこの暗影があると、それが集団そのものの上に反映する、そうしてこの集団的反映は個人のものよりもずっと濃度を増している。この濃度の強いものが、集団中で殊に鋭敏な感覚性の個人意識の上に現出する。彼はこれを天来のものと心得て、全力を尽くして集団の全部に宣伝する。集団は既にその方向に異常なサッゼスティビリティ(即ち示唆を受け入れる心理傾向)を持っているので、直ちに烈しく響応する。群衆心理性は本能的に盲動する。知的分別性はその中に掻き込められて本来の明徴性を全く消失するが――併し「全く消失する」と云うは正しくないであろう――、人間の本能は理性をして自らの意志に盲従せしめずには止まぬのである、ドイツにおけるナチス運動などを見ればよくわかる。また共産主義の如き科学実験室から抜け出たような経済体系をもつ政治でも、それが国家とか国民とか云うものの枠の内へ押し込められると、純粋な科学性を消失して、群衆心理的本能性を発揮することになるのである。科学そのものには元来人間性も何もないのであるから、それが群衆心理の御先棒を承わるにおいては、個個の人間たるものはアトム的存在以上には価値づけられないのである。

世界大戦争は二回ともこのような近代人の心理から勃発したものである。科学そのものに罪はないが、科学主義は人間個個の「無意識」を内面的に十分に整理しないで、それをそのままにしておいた。そうして、外に向って、即ち自然界に向って、その技術力を発揚した。それからその自然界と云うものを、只管《ひたすら》に外面的・物理的・唯物論的方面から解釈しようと勉めた。「自然の征服」なるものは、それで、或る意味において文字通りのものになった。それと同時に、自然の征服者はまた人間と人間性との征服者となった、人間もまた自然の一部に外ならぬからである。人間の征服とは、個人性を奴隷化することである。個人はその個人たる所以《ゆえん》を完《まつと》うすることとなしに、集団本能のために制圧せられてしまった。戦争と云う大量殺戮の事業《エンタープライズ》は遂行せられた。そのままの情勢で進めば、今度は人間殲滅戦と云うものが持ちあがるに相違ないのである。

6

前置きが余り長くなったようだが、ここで「宗教とは何だ」と云う問いに答えられそうである。一口に云うと、宗教とは人間を各種の奴隷状態から解放するものだと、こう云いたいのである。これを近代人の上に当てて云うと、宗教は彼等を科学万能主義から解放する。宗教は、自然征服の代りに個我克服を企図する。宗教は、技術や機械のために駆使せられ苦役せられることの代りに、彼等の桎梏《しつこく》から人間を離れしめる。

宗教は「無意識」の為めにくすぶっている魔性の正体を引きずり出して青天白日のもとにさらす、即ちこれを判然と意識の上に持ち出し、さらし出すと云うことで、即ちこの魔物性を降伏させると云うことである。正体をつかまえると、また禍《わざわい》を生ずることがなくなる。

これが出来ると、個己各自に自主性・自律性を取り返すことになる、群衆心理性の犠牲にならなくてすむ。人間をして、自由自在、即ち自らに由り自らに在らしめるのが宗教である。

宗教は、絶対的個人主義を主張する、或いは絶対的全体主義に終始すると云ってもよい。即ち宗教は、個己を超個己の上に認覚し、全体を各個己の上に具現せしめる。

宗教は、人間各自をして孤峯頂上に立たしめて十方世界を睥睨《へいげい》せしめる、そうしてそれと同時に、彼をして十字街頭に歩み出て灰頭《かいとうど》土面《めん》の奴隷生活を営ましめる。

これが宗教生活の核心を形成するところの不可思議解脱《アチンテイヤ・モークシヤ》なるものである。自分はこれを霊性的自由と云う、最高の意義における自由である。

7

宗教は科学と衝突するものでない。よく世間では、宗教は非科学的だと云う、また科学の在るところには宗教は在り得ないとも云う。併《しか》しこれは甚《はなは》だ見当をはずれた云い分である。何故かと云うに、宗教と科学とは同じ平面上に立っているものではないからである。次元の違うものを同じように取り扱わんとするのは、それこそ非科学的である。世の科学者の大抵は、科学を学ぶと云っていて科学を知らぬ科学者である。宗教者の中にもこれに似たような態度を保持するものもある、曰わく、宗教は科学と衝突せぬ、殊に仏教は科学的宗教だ、と。これらもまた宗教を知らぬ人々の語り草である。

宗教は科学を超越する。科学を知性または理性と同じものに見て行けば、宗教は即ちこれを超越する、超越とは無関係の義でない、また宗教は科学や知性を関心の外に置くと云うことでない。但《ただ》し科学から宗教を抽《ひ》き出すことは不可能である、これを行《や》ろうとすると必ず無理が出来る。この無理は、宗教を損ねることとの代りに、却《かえ》って科学自身を傷つけることになる。

知性の本質は分別である。科学のもそれである。分別とは、分析である、解剖である、観測・比較である、抽象である。それ故に科学の世界は千差万別の世界を予想する。宗教の世界にも、差別はある、分別もある。が、この分別は無分別の分別であり、差別は無差別の差別である。多即一・一即多の世界が宗教の世界である。無差別とか無分別とか云えば、それは差別や分別に対する如く感ぜられよう。（差別と分別とを区別して説くことをせずに、分別の中に含めておく。）併しそう感ずるのは知性の立場から見ての話で、宗教そのものからは、無分別がそのまま分別であるから、二つのものを対立させて、それが両立するとかしないとか云うことは要らぬのである。これが宗教的認識論の性格である。「超越」はこの場で云うのである。宗教は科学の見ていない世界に居るので、科学としては宗教を何ともしようがないのである。この点を呑み込めない科学者、随《したが》って一般人は、宗教を迷信扱いにするのである。そうして「迷信」なるものが、宗教の名によりて、あらぬ方面に蔓《はびこ》り出《い》でんとするのもまたこの故なのである。

近代になってから、科学は技術と相携えて人間の集団的生活の中へ乗り出して来た、そうしてその生活の各方面に対して大なる影響を及ぼした。吾等の世界観も人間観も大分に変化することになった。中古時代に宗教の名による各種の勢力下に圧迫せられた人間は、一分は反抗の気合いもあって、宗教をひたむきに敵視するようになった。特にキリスト教に在っては、神的なるものに代って人間的なるものが強調せられるようになった。宗教者は云う、「科学ではわからぬものが宗教にある」と。科学者は云う、「科学でわからぬものは非存在である。今はわからぬことでも、後からわかることはいくらでもある。併し、宗教の、科学でわからぬ部分は、科学の本質の問題であるから、科学では永遠にわからないのである。例えば自由と必然の問題であるが、科学者は絶対の自由を否定する、そうして科学の世界は法則の世界であるから必然が支配する。宗教の云う自由は科学では考えられぬ、科学では、科学の云う必然そのものが自由だと主張するのである。科学者は「そのような矛盾は容認できぬ、科学的・知性的分別の世界では、もしそのようなものがあれば、世界そのものが成立不可能だ、自分等の自体が無になる」と云う。

宗教者はそれに対して云う、存在自体が矛盾の故に存在が不可能だと云うことは、存在の義に徹底しないからだ。自由で必然、必然で自由だと云うところに、人間が存在をつづけるのである。必然だけを認めて、矛盾から救われる為めに自由を抹殺すると、人間はなくなる、差別の世界そのものもなくなる。自由即必然・必然即自由と云う矛盾の自己同一のところに、何《いず》れもが存在するのだ。人間はこの事実を自覚するので人間なのである。人間だからこの自覚があり、この自覚があるから人間だと云ってよい、何れを何れと云ってもよい。兎に角、科学の世界には、法則がある、必然がある。論理の前には矛盾はあり得ないと云って、人間を論理と科学の枠の内へ入れて動かぬようにするのが、近代的だと思っているものが随分ある。こう云う人達には、宗教的なるものは、どうしてもわからぬ。霊性的自由と云うことは、どこか夢の世の話だとしか考えられぬのである。

近代人は自然の征服を叫んで個己の克服を全く閑却している。科学はいつも対象を分別する、その分別はいつも何かの分別である。征服にはいつも征服者と被征服者とがある。征服するものが即ち征服せられるものであると云う矛盾は、知性的分別の世界にはない。それ故、自然の征服が語られるところには、個己の克服はあり得ないのである。そうしてこの克服のあり得ない間は、人間はいつも自ら作ったものに却《かえ》って制せられざるを得なくなるのである。道具の横暴とか、機械の強迫とか云うことは、何《いず》れも個己内面の整理がついていないからである、意識面に在るものと意識下に没入して顕われざるものとの暗闘が終熄していないからである。意識下に潜伏していいるものは、何れも無始劫来の我意識の周囲を固めている諸種の本能である。これは何れも暗黒裡にで活躍することを好む魔性的のものである。この正体は、キリスト教で云う原罪である、仏教で云う無明の業《ごう》である。これに対する明瞭な認覚が必要である。認覚は力である、それ故に克服である。幽霊の正体が枯尾花であるとわかれば、幽霊は既に克服せられたのである。

この種の克服は自然の征服と異なっている。後者は外向的であるが、前者は内向的である。一は対他的であり、一は対自的である。外向的で対他的なものは対象を持っているので、力の入れどころが判然としている。が、内向的・対自的なものには、相手が見つからぬ。何故かと云うに、打つものが打たれるものだからである。打つものと打たれるものとが一である時、打つと云うことは、全く分別性を離れた仕事となる。自分で自分の頭を打つとか胸を打つとか云うなら、手と頭、手と胸とが既に対峙している。が、頭が頭を打ち、胸が胸を打つと云う時は、対象的考え方では埒《らち》があかぬ。無始劫来の無明が我意識を占領している時、その我を認覚するものは無我の我でなくてはならぬ。心理学的に話される我の自覚なるものは、我を二つに分けて、見るものと見られるものとにするのである。我がこのようにしても対象化せられると云うことは、我がいつまでも残って行くことである。これは本当の認覚でないから、我の克服でない。本当の認覚は我が我として残らぬことである。これを絶対性の認覚と云う、対象性のそれと区別して見なければならぬ。即ちこれは、科学の世界、知性的分別の世界では不可能なことである。自然は如何ほど征服せられても、その後に絶対性の認覚なるものがないと、自然に向けられた征矢《そや》は必ずその射手自体に落ち来るのである。即ち自然の征服に使われた科学が、進めば進むほど、技術が巧みになればなるほど、人間は無縄自縛の身となるのである、自由・自主の絶対者でなくなって、奴隷となり、捕虜となるのである。これは上述の如くで、吾等の今盛んに目撃し体験するところである。

無始劫来の無明、即ち業、即ち我が、割り切れないで後へ後へと残って行く限り、人間の個己意識に晴れやらぬ影が映るものである。この影のとれない限り、人間意識の上に一種の暗闘が絶えないのである。この暗闘に気づかぬ近代人は、「宗教とは一体何だい、そんなものの必要がどこにある、科学で沢山ではないか、知性的分別の世界の外に何を求めんとするのか」と云うのである。この種の人に対しては議論しても詮がない、只事実を凝視せよと云うより外ない。人間意識の発生以来、人間の集団生活なるものに一日の平安を得たことがあるかを見よと尋ねたいのである。集団生活に平安がないと云うことは、これを形成している個己の上に平安がないと云うことである。それは何故であるか。云うまでもなく、個己の意識の内面に影射しているものがあるからである。これある限り、人間世界に戦争は止まぬ、何かの理窟をつけて、即ち理性を奴隷にして、それをして様々の名の下に大量殺戮事業の敢行を計劃せしめるのである。或る意味から云うと、世界的大量殺戮事業なるものは、人間が各自に意識内の暗影を逐《お》い払わんとする群衆心理的本能の無意識的行動であるとも云えるのである。個己意識の陰翳が外面に向ってその姿を映す時、集団意識はそれを捕えて共同の敵と認めるのである、そうしてそれに向って実弾射撃を行ずるのである。泥棒をつかまえて見たら吾が子であったと云うが、その通りに、集団生活の不安、国際間の戦争なるものの正体をよくよく調べて見ると、おのれ自らの影であることになるのである。科学的文化とか文明とか云うものの本当の使命を果さんとするには、どうしてもこのような宗教的洞見――自分はこれを霊性的直覚と云うが――がなくてはならぬのである。

9

それ故に、いくら自主・自由・自律などと叫んでも、この自なるものが霊性的・直覚的につかまえられないと、何《いず》れも或る種の条件つきと云うことにならざるを得ないのである。自由は、政治の上でも、経済の上でも、知性や科学研究の上でも得られるものでない。これらの方面で見られる自由はどこかで拘束をうけている。政治家などは何か云うと自由の獲得と云うのであるが、それは決して絶対のものでない。如何なる形相をもった自由でも、宗教的自由――それよりも霊性的自由と云う方がよいが――、それに基礎づけられていなければ、それらの自由は必ず不自由と対峙する。そうしてその実際の結果は、集団生活の内外における闘争である。闘争もその一面に協力と云うものがあれば、それもまた人間的差別生活の一事象として意に介すべきではない。

が、それがただ一面的になりおおせると、血腥《なまぐさ》きものとならざるを得ないのである。諸種の自由が霊性的自由の基盤に動く時始めて自由である。

霊性的自由が宗教の本体である。宗教はここに在り、ここで生きている。自由の消極面は解脱《げだつ》であり、解放であるが、何と云っても同一物に外ならぬ。自由は元来自分のものではあるが、自由の自覚がないと、有っても無いと同様である。人間の集団的生活の諸表現に見られる自由の追求も、その実は霊性的自由そのものの反映に外ならぬのである。但《ただ》しここでは、如何なる自由も一定の制限を背負っていることを忘れてはならぬ。そうしてこの制限の故《ゆえ》に人間はいつも自由自由と叫ぶのであるが、他面にはまたこれと全面的に逆な現象が見られる、人間生活の弾力性とでも云うべきものである。それは何かと云うに、人間は如何なる圧制下でも、これに堪えて行くのである。但々《ただただ》生命そのものが脅迫せられると云う極限まで来ると、もはや我慢しきれぬと云うことになる。しかもこれは個己それ自体のためでなくて、自他を一丸にしての反抗である。それは何故かと云うに、外面から見て、如何なる圧迫でも、即ち如何なる悪政治でも悪経済でも、人間は各自に内面に包みきれぬほどの自由をもっているので、或る限定を超えさえしなければ、忍従して行くのである。如何なる外面からの圧迫や脅威があっても、本来具有底の絶対的・霊性的自由はこれがために何等の圧迫も脅威も受けないのである。この自由に対する自覚さえあれば、「雨降らば降れ、風吹かば吹け」である。さきに「忍従」と云ったが、事実は「忍」でも「従」でもない、「電光影裡に春風を斬る」である。

本来具有底の「自由」の故に、集団的生活の面で、政治の上に、経済の上に、自由を要請するが、またこの「自由」の故に不自由をも自由化することが出来るのである。さきに必然即自由・自由即必然と云ったが、「自由」は実に如何なる矛盾をも自由自在に円融せしめ互即せしめるのである。ここに宗教がある。宗教は人間を奴隷根性から解放するものだと云うのはこの故である。

さきに科学技術は自然を征服すると云った。科学者は実際そう思っているものらしく想像せられる。一般の人々においては、固《もと》より始めから何も自主的に考えることをせず、ただ群衆心理的本能で動くのだから、誰か音頭をとれば直ちにこれに応ずるのである。それで自然の征服と云う言葉が新聞や雑誌などに頻《しき》りに喧伝せられた、誠に思わざるの甚だしいものがある。

科学技術が自然を征服するように見えるのは、科学の見た自然の面であって、自然そのものではないのである。この点をよくよく考えなくてはならぬ。科学は自然の全面を認得するものではない、科学は自分で見ようと思う自然の面だけを見るに過ぎないのである。天文学は天体を観測し、地質学は大地の質、地理学は地球の表面、地震学は土地内部の構造、化学は物質の構造面、物理学は物質の力の面など云う塩梅《あんばい》に、諸科学はそれ自身の間に研究の分野を割り当て相《あい》担当して行くのである。それと同じく、科学は全体としてまた自分に特殊の立場から特殊の方法で自然を認識して行こうとするが、その対象となる自然は自然のすべてでないことは、一目瞭然である。科学の知ったと信ずる自然、科学の征服したと誇称する自然は、決して自然そのものではないのだ。本当の自然は科学のメスの外に出ている、解剖したのは屍体であって生命そのものではなかったのだ。

化学は天体を分析していくつかの原素から出来ていると云う。猫や犬を分析して見ても、やはり人間と同じ原素しかない。が、これらの原素が集まって肉となり血となり骨となると、一の集まりは人間で、他のは猫と犬と牛と馬だ。同じ人間だから、それを構成している原素も、その数も、その組合せ方なども同じであるに相違ないが、太郎と次郎とは同一の人間の男子でなく、お染と三勝《さんかつ》は同一の人間の女子ではない。同じ母胎から出た双児には、相似の点が肉体面でも心理面でも見られるが、同一物ではない、先に生れたものと後のものとは違っている、各自に絶対的個性をもっている。この個己の絶対性は、どの科学でも征服せられぬ。即ち、お染を三勝に、久松を半七に変える技術はないのである。お染の皮膚の一部は三勝の火傷《やけど》の足しにはならぬ。近頃は、他人の生きた目で、見えなくなった人の目を再生させると云うから、皮膚の流用、心臓や脳髄の移植も可能になるかも知れぬが、個己の絶対性に至りては、どんな科学技術でも置き換えられない。置き換えられぬと云うのが、個己概念なのだからだ。

この個己概念のところに自由がある、自由の天地が開ける。この天地は、科学の探知できぬところ、技術の手を触れ得ないところである。ここに這入ることの出来るものは、宗教だけである、宗教的洗礼を受けた芸術だけである。審美的鑑賞とか、審美的冥観とか、神に対する知性的愛とか、自然神秘主義とか云うものは、何《いず》れも科学の鋭利な解剖刀でも開き能《あた》わぬ境地である。それは何故かと云うに、「これ」は開き示し得べきものではないからである、即ち霊性的直覚の分野だからである。科学はこれを「神秘」だと云って、何か人間の触れてはならぬもの、また幼稚な人間の隠れ家のように噂する。本当の科学者ならそのようなことは云わぬ、彼は科学なるものの限界を能く知っているからである。

宗教はそれ故に絶対個人主義であると云うべきだ。ただこの「個人」は全体と対蹠するものでないことを忘れてはならぬ。それで「絶対個人」または「絶対個己」と云っておく。この絶対個己が自由の主体である、自由であるから創造的である。作るものと作られるものと云うことがあるが、自由を知らぬ人は、作られるだけで作ることの出来ぬ人である。本当の個己——即ち一即多・多即一の主体——にならぬと創造は不可能である。科学の「征服」は虐殺以上の何ものでもない、科学には絶対に創造はない、科学に在るのは、組立て、組直しなど云うものである。科学は知性の基礎に立つものであるから、対象をもつ。それを、分析する、比較する、そうして一般的法則をその間から編み出す。このように編み出したものによりて対象の組替えに取りかかる。この組替えが合成化《シンセサイズ》である、製造である。合成品も製造品も科学技術の創作であり、それで生命に資することも生命を害することもあるにはある。が、それらは李白や杜牧の詩とは違う、人丸や赤人の歌とも違う、牧谿《もっけい》や雪舟の絵とも違う、運慶や定朝の彫刻とも違う。科学や技術の切り込むところは皮膚である、せいぜいで肉までである、人間の心そのものに喰い込むものを具えていない。合成品は、誰にでも出来る、個性的でない、他のものでは置き換えられぬと云うものではない。云わば抽象性のものであり、普遍妥当性は余りあるが、具体性・唯一無二性と云うものはない。それは科学の背景の上に立つからである。

科学は青黴《あおかび》からペニシリンを作って多くの病を治癒する。人間や動物の排泄物から、今名を覚えていないが、色々の薬品を製造する。近頃はまたハーヴァード大学で一種の計算機を発明して、如何にむつかしい勘定でもやると云うことである、余程大仕掛けのものであるらしい。併《しか》しこれらは何れも発明や発見であって、霊性的創作品ではない、それからまた一人のエジソンやアインシュタインを製作することは不可能である。それらは何れも人間の作で、「自然の神秘」から流出したものでもなければ、またそれに没入し得るものでもないのである。科学が行う抽出及び合成は実に驚異に値する、そうして人間はそれで計り知られぬ利便を得ている。が、そこには何も自然の征服と云うものはない。自然は、無始劫来、微塵ばかりも損得するところはないのである。山は依然として高く、海は更に深い、秋の空は星斗《せいと》闌干《らんかん》である、春の夜は朧月《おぼろづき》に桜の花が咲く（日本においては）。或いは云う、科学的知識が進めば、朧月夜を秋気粛清に変えられないかも知れぬが、富士山でも太平洋へ沈めてしまうことは可能である、と。併《しか》し自分の云わんと欲するところは、そのような児供らしいことではない。山の高さ、森の茂みを通して感じ得られる自然の幽玄である、窮《きわま》りない大空を眺める時、ダイヤモンドを鏤《ちりば》めたような星の光を伝わって来る自然の霊性である。これらを造った神の全智・全能を思うなど云う安価な宗教感情を云うのでない、自然と云うものに対して立つと云うことでもない、自分がここにこうして居ると云うことでもない、ただ渾然たる一如だと云うことでもない。それなら空空寂寂の無想境かと云うと、そうでもない。星は輝き、大空はいやが上に高い、自分ははてしなき沙漠の真中に臥《ね》ている。しかも、星は自分で、自分は星である、自と他と歴然としていて、自も他もない、有意識でも無意識でもない、そうして有意であり無意である。一物が儼然《げんぜん》として吾が胸中に在る、この「自然」、この「自由」は科学の境地ではない、また決して征服せられるものでない。ここに、宗教がある、科学の窺い知られぬものがあると云うのである。

科学技術の製作も、或る意味では、それを通して神に接せられると云われぬこともない。が、この種の製作には余りに顕わにその人間的・功利的目的性が露出している。これが目について、吾等の詩的・宗教的想像に訴えるものがなくなる。何故かと云うに、そこに絶対個己性と云うものがないからである。団栗《どんぐり》の背くらべと云うことがあるが、何《いず》れもただ一つの単位、一つのアトム・モナッドとしてしか、見るものの目に映らぬのである。云い換えれば、神の手が、神の心がそこに感じられないのである。自然には、如何に醜いものでも、如何に実用的なものでも、何やらそれの後にそれを超えたものが感ぜられるのである。キリスト教徒はここに神の栄光を見ると云う、野の百合の花、空を飛ぶ小鳥、神は彼等の上に神性の烙印を押したのである。科学者がその製作品に焼きつけたものは、余りに人間臭の強きものである。そこに、個己がない、自由がない、創造性が認められぬと云うことは、吾等の何れもが近代人の文化に何だか物足りなく感ずるのを見てもわかると信ずる。

工業的製品の上に「自然」即ち神を見ることが出来ぬと云うのは、そこに創造的自由の動きが感ぜられないからである。そうして人工の跡のみがむさむさしく見えると云うのは、それらが個個自由な人間の心から已《や》むに已まれず出たものでなくて、何だかだと功利的思慮をめぐらしてから案出せられたからである。天鼓自然に鳴ると云うところが、どうしても、そこから感じ出されないのである。それで、それらを拝む気にはならぬ、飛行機の前で手を合わす気にならぬ。

併《しか》し、科学を産み出し、技術を使いまわして各種の製作品を出す人間——ただ知性を働かし、手足を動かすだけでない人間——そのものは、いつも本来の創造性を失わぬのである、自由性を失わぬと云ってもよい。それで、機械で出来たものと、手で出来るものとの差異に気をつけて見なければならぬのである。機械は固《もと》より手の延長に過ぎないのであるが、その機械製品と手工品との間に大なる塹壕《ざんごう》のあるのは何の故であろうか。それは、機械には知性的分別の技巧が加わり過ぎているからである。手や足を通しての作品には、作者の個己そのものがにじみ出ている、他人の模倣できぬ、他のものでは取り換えられぬ、唯一つあって二つとないものが、そこに看取せられる。作者に自主・自由の創造力がなかったら、そのようなものは出せないのである。分別智で、技巧で組み立てた機械の運転から滑り出したものは、統制せられたもの、劃一性をもつもの、一般普通のもの、どこへ持って行って誰に使われても同じもの、一つ毀《こわ》れたらまた他のもので取り換えられるもの、個己独自の性格をもたぬもの、群衆心理の中から割り出されたもの、随《したが》って個己的自由性を全く欠いたものである。分別智は、分析して、抽象して、一般化する。それで分別智の触れるものには、個己として生きたもののない、自由のない、円融性を失った「機械製品」が出来上がる。手工品はこれと違って、作品に劃一性がない、一つ一つ違っている、置き換えられぬ、唯一つだけである、創作である。そうして作者の人格が一一に窺われる。崇高な芸術品の前には自ら頭が下がると、人は云うのである。それは何故かと云うに、分別智的技巧・人工的作為を施さずに、作者の個己性から自由に涌き出て、それが手に足に伝わり、それぞれに必要な材料を取り寄せて、それから出来るからである。

自然は神の手工品である。それ故、自然の一一に神性を見ることが出来る。科学はこの神性を捉えようとしないで、分別智の手の届くところだけを搔き取って、それを顕微鏡なり望遠鏡なりで見て、そうして「吾は自然を征服した、神性はそこには見られぬ」と云う。このような科学にかぶれていて「宗教とは一体何だ」と尋ねられては、誠に返答に困る次第である。が、上来の所述でいくらか宗教の相似を見得たとすれば仕合せである。併しこの相似は宗教の全面に対して云われるのではない、その一面の相似に過ぎないのである。

11

既に自然を神の手になった作品だとすれば、人間もまた自然の一部で、自ら神性を帯びていなければならぬ。が、人間は不思議に神の手から離れようとする傾向を示す。それは何故かと云うに、人間に知性があるからである。知性的分別の故に、自分と自分に対するものとを分けて見ることにしてしまった。人間そのままで神性が露堂堂《ろどうどう》としているのに、分別智は人間と神との間を隔ててしまった。これをもとへ還すのが宗教の仕事の一部である。これをする方法の一つに、自然の本来の姿に参ずると云うことがある。科学的に参ずるのでない。科学は参ずることを知らぬ、切り取り、削ぎ取って、これを殺すことはするけれども、自然そのものの中へこの身を没入させることを知らぬ。自然に参ずるとは、自然の門の戸を叩くことである。征服と云うような野望を持たないで、謙虚そのものになって、自然の前に跪坐《きざ》して、心からの祈禱を捧げて、どうぞその秘密を開示し給えと云うのである。自然と云うと、何だかわからぬ、相手のないもののように思われるかも知れぬが、それは、庭前の一株花でもよい、今ペンをとる一指頭でもよい、ふと耳を欹《そばだ》てて聞き入るお寺の鐘でもよい、乃至《ないし》は洋洋たる大海の浜辺に立っていてもよい、或いは裾にまつわる猫の子でもよい、或いは街頭に捨てられた孤児でもよい、或いは利休が擲《なげう》ったと云う懐剣一口《ひとふり》でもよい、或いは子供を頭上高く捧げて沸《に》えかえる油の中に苦しむ石川五右衛門でもよい。何《いず》れも自然の一隅を映している、そうして自然の全貌をそこに蔵しているのである。これに参ずるのである。これは自然を対象的に見るのでない、従って征服などとは天地懸絶の心構えである、全く次元を異にした立場に立つものである。この立場が本当に見つけられる時が、即ち自然の神性を看取する時である。まず立場があって、そこに立って、そうしてそこから自然を見るのではない。それは知性的分別である。霊性的直覚はそこからは出ない、即ち宗教なるものはそのようにしては決して得られるものではない、そこには自由がないからである。自由とは自然である。自然は神の手工品である。神は自由そのものである、それで自然を創造し能《あた》うのである。自然は神の手から絶えず作られて出ているのである。自然は休まぬ、断絶せぬ、自然は神である。神は自ら作った自然の中にその姿を隠して、しかもまたよくその身をそこに見《あら》わしている。作られたと云う自然は、それで神自らが自らを瞑想する姿である。故に神の瞑想はそのままで神の働きである。神の働きは神の見ることである、見ることは働くことである。宗教は、ここに在り、ここで生きているのである。この境地に這入るまでは、人間は神の手工品とはならぬのである。人間は魔性の玩具となり、知性は更に技巧を加えて、「近代文化」なるものを作り上げるのである。

知性——科学と云うも同じだが——は、生きたものを殺して見る、自由なものを必然として取り扱う。それで何か機会があると、医者は生きた人体をそのままに解剖して見んとする、また各種の科学的実験をその上に加えんとするのである。生命、特に人間的生命そのものに一種の霊性底があることを顧慮しない。人間各自の個己に在る霊性底の故に、人間の集団的生活が可能になり、生命の互即交参が感得せられるのであるが、この霊性から切り離された、知性の世界、科学の世界では、そのようなものはすべて等閑視せられている、否、そのようなものを認覚すべき本質的用意はあり得ないのである。これに反して、霊性的立場からすると、腐爛して目も当てられぬ死体にも、拝んで行きたいほどの何ものかが光を放っているのである。勿論、知性と云い霊性と云って、二つの対象性のものがあるのでない、随《したが》って二つのものが闘争していると云うわけでない。但々《ただただ》知性が、自らの背後またはそのもののうちに霊性があって、その故に自らの働きがあることに気付かないので、知性は自分で霊性から離れるのである。そうして、えらいのは自分であって、自分をして然《し》かあらしめるものではないと妄信するのである。対抗とか闘争とか分離とか己惚《うぬぼ》れとか云うような心理は何《いず》れも知性そのものの過《あやまち》にのみ存するのである。

　科学は、生きものを殺して、その殺されたところにつきて生きものを了解せんとする。これは知性的分別を基礎とするすべての学問につきて云われ得る。そうして宗教はこれと対蹠的立場に在るので、学問で云うすべてを否定するのである。「汝がもつあらゆる智慧才覚を捨ててしまえ、それから話しよう」と、宗教は云う。宗教は生きものをそのままで活捉するのであるから、自然の征服など云うことは決して許さないし、人間の生体解剖または医学的実験など云うことについては、未だ嘗《かつ》て念頭に上《のぼ》せなかったのである。科学は非人格的《インペルソナル》である、そうしてそれをその性格として研究を進めるのであるから、自ら、生きもの、人格的なるもの、霊性的なるものを見得しないのである。科学が抽象的に自然界の法則を発見すると云うのは、実にその非人格性のところに在るので、そこに科学の功績を認めなくてはならぬ。自分は科学に科学として自らを正当化《ジャスティファイ》すべきもののあることを知っている。が、科学及び科学から出るすべての技術・工作・文化など云うものが、自らの限界を知らなさ過ぎる点を指摘したいのである。

12

それ故に、宗教は最も個人主義的である。全体に対蹠する個と云う意味でない、これは対象の世界で云うことである。宗教で云う個は、全一をも個多をも含めての絶対個己である、知性的分別の甲殻《こうかく》を破ってから始めて云い得る個己である。この個己の世界が宗教である。知性的分別でその力を尽くして、生きものをいくら分析しても、其処《そこ》に在るものは知性の対象であるから、生きものは攫《つか》まれぬ。いくら原子核を破壊しても、そこから出るものは、物をこわし、生命を殺す力だけで、生命そのものには寸毫も触れていない。知性と云い、科学と云い、またそれから出る技術及び工作と云うものは、元来生命の活躍する方向に進んでいないからである。統制・劃一・組織・抽象的概念など云うものだけが其処に在るのである。瓢箪から駒を出そうと云うような手品をせずに、科学をして科学の持場を守らしめよ。科学では個己の絶対的具体性なるものに到底到達し得ないのだから、思い切らなくてはならぬ。そうしてこの思い切りのところから宗教が生れる。科学の歩む方向では宗教に辿りつけぬ。それは科学の約束である。科学は抽象的概念を作り上げる。この概念が抽象の極みに到れば到るほど、宗教から離れて行く。もし具体と抽象とを対蹠的に据えて見るとすれば、抽象への方向を進むことは、どうしても具体から益々遠ざかることにならなくてはならぬ。生きることとは、具体化の極限になるのであるから、科学と逆の方向を行かなくてはならぬ。

それで、科学の動かす力は絶対個己の底には達しない、せいぜいで心理学者の云う「無意識」までである、集団本能の巣窟である。これがいつも爆破の機会を待っているのであるから、科学の近づくを見て、得たり賢《かしこ》しと、これを利用するに全力をつくす。戦争はいつも此《か》くの如くにして勃発する。集団心理で、社会が出来、組合が出来、国家が出来るが、この心理の裏に本来の魔性のものが潜んでいるので、これらの集団は何《いず》れもそれぞれの「我」を発揮し、固守し、培養し、増長させて、それに対するものを斃《たお》さんとする。「我」はいつも相手をもっている、相手がなければ「我」もなくなるからである。それが世界戦争の絶えざる所以《ゆえん》である。

平等と自由は人間を支配する二大法則であるが、平等は、概念性に富むので、統制と組織とで集団を拘束し、また結束して他に対抗する、知性の所産である。自由は、これに反して絶対個己の世界にのみその真義を見出し得るのである。それ故に、先《ま》ず自由を得なくてはならぬ、得るのでなくて見出さなくてはならぬ。平等から自由を出そうとしないでも、自由があれば平等はここから出るにきまっている。何故かと云うに、自由は霊性の領域にのみあるからである。故に云う、宗教は人をして自由ならしめる、と。

「宗教とは何か」と云う問いに対して、今明白に答え得る、宗教は、人をして自由ならしめる、自由そのものである。仏教ではこれを不可思議解脱《アチンテイヤ・モークシヤ》と云っている。

(因《ちなみ》に、上述は宗教の全貌を尽くしたものでないことを記憶してほしい。併《しか》し「自由」の中に何があるかと調べると、宗教を作り上げている色々の要素は自らそこから出て来る。)

宗教について

仏教で極楽浄土を建てて、欲しいものは何んでも得られるというが、そういう処に居るものはもう人間ではない。求むるものが得られぬ苦にあえぐのが人間である。だから本当の人間は地獄に居なければならぬ。地獄に居なければ人間ではない。地獄でただ苦しいとうごめいているのは動物で、人間はその苦しさの中で考える。パスカルは「人間は考える葦だ」といったが、水の中に生《は》えて風にゆられる葦のように、その浮草的人間が、なぜこうゆうことになるのかと考える。地震があると人間がつぶされる。大浪でさらわれて死ぬ。情けないものだ。人間はすぐ死ぬ。傷つけられる。人間に比べると亀の方が強い。亀の甲より脆弱なものだ。だが、自分は打たれて死ぬんだ、どうしても逃れる方法もない、そのまま死ぬのだ、と考えることが出来るのが人間の特長である。

我々は、今日、考えるということをいろんな方面に使ってしまったが、考え方にも二つある。我々の日常の実際の生活の上に役に立つように考える場合と、役に立っても立たんでも内省する、という二通りになる。動物は食物を捕る時、今いったように、飛び越えて捕る、ぐるりを廻って行って捕る、穴を掘って行って捕ると三つの方法を考えるとして、それが駄目の時は捨てる。人間は食物への執著が強くて、これを手に入れるのに、もっともっと五つも六つもの方法を考える。そういう考え方がある。

これと、もう一つ、役に立っても立たんでも、むしろ役に立たん方に考える考え方がある。宗教の方はそういう方の考え方をおしすすめて行くところにある。動物の本能的の考え方より、反省した実用的考え方が行きづまる時がある。その時に宗教的の考え方にぶつかるにきまっている。第一の考え方に行きづまった時に、先に申した、後の考え方に来るにきまっている。

こう見ると、考えるというところに人間があると言うが、考えるのに第一と第二の考え方があるとすると、後の考え方のところに人間があり、宗教がある。今日第一の方の考え方がだんだん行きづまって来た。今まではこれをやたらにおしすすめて来たが、今日は限りない発展をしつづけて来たので、第二の考え方に戻る方に、個人のみでなく世界的に、行きづまったのではないかと思う。人はパンのみに生きるものに非ず、という考えは昔からその通りある。それは、大抵人の上のみに行われたが、今日は個人と同時に人類全体、生物全体の上に考えて行かねばならぬということになって来たと思う。なぜと言うよりどういう道行でこういうことになるかと言うに、自分だけが食物を得て満足するということのみではない。人間に至って、自分のみ生きるのでなく、自分と共に人も生かさねばならぬ社会の施設、人間の政治経済両方面に立って、今日自分のみでなく他の人も生かさねばならぬことになり、今日のように大量生産となると、自分のみでなく他人もということになる。経済の面から来ているに相違ないが、その一面には、人間が意識してもしなくても、我と人と共に生きねばならぬということが本当だと意識せられる。

大量生産をすると生産品を売らなければならぬ。自国で生産過剰になれば他の国に売り出さねばならぬ。買わぬ時は武力を以ても買わす。買わずにおれぬようにする。買わないと、どうしても買わせるというて戦《いくさ》が始まる。政治が加わると同時に、我も人も同じく恩恵にあずかる点がひそむが、終《つい》には反対となることにもなる。

今日には、ある点自分のみが生きるのでなく、自分が生きると同時に共に他も生きるという考えがあるが、国が出来ると国我が、団体が出来ると団体我が、集団があると集団我が、なかなかとれぬ。今日この我〔不明〕戦は止めるわけには行かぬ。平和は来るときまらぬ。事実は、平和は戦争のためにあると言うてよい。平和平和と言うが無意識の底に戦争を謳歌する意識がある。昔は戦争を公然とした。今日は平和のために戦争をすると言う。意識の表面では平和と言うが、その底には戦争がある。それは平和の仮面をかぶっていると言える。自分が生きるためには他も生かさねばならぬ、ということを知るために戦争がある。戦争をやるたびにひどくなるが、それによって我々には一層、自分等と他人が共に生きるんだという意識が強まる。

妙に第一の考え方がついて廻って我が離れぬ。それでどうしても今日の文化は行きづまるにきまっている。平和という名で戦争をして、極めて残忍なものにして、遂にはその残忍さに耐えられぬ時が来る。恐ろしいものであるが、そういうむちがあてられるものである。

考えるということに戻って話をすすめると、第一の考え方は我がどうしてもとれぬ。我ではないものがあるによって我が考えられるものであり、もう一段深いところを考えずに他をはなして考えることになりやすい。ものを二つに分別すること、考えるものと考えられるものの考え、二つ、自と自でないもの――他――がある。第二の方になると考えられるもの、自分に対しているものが、自分であるという風になる。

個人から団体、団体から集団に我をおしすすめて、殊に集団になると、なかなかこの我がとれずに、ますます肯定するような方向にすすむ。国家というような〔不明〕愛国心等が、甚《はなは》だ我の発現であるとも言われるが、この我を立てることも考えられるが、国と国との場合等には、関税を高くするような場合、高くする相手方の人間を考えず自分が大事だと思う。個人ならどうかするが、集団我となると妙な我が出て、そのために我々は今日妙な苦しい戦をしている。国家の軋轢をとり去れば平和は来るだろうが、刀を持っておれば振り廻したくなるのは人情である。

そういうところで宗教が問題となるが、この第二の考え方によって初めて実現するところの宗教生活が、なかなか得られぬ。今日宗教は個人のみで考えずに、集団で考えねばならぬと思う。これは第二の考え方から始まる。が、これは考えるものも考えられるものもないものに至るところで始まる。これをどういうところから考えるかとすると、私は仏教徒としてこういうことを申すことになるが、仏の一生の間でどういう風に実現されるかを考えて見る。

結局は、集団我を本当の意味に於て生かすには、もともと個人の個我を本当の意味で徹底することより始まらねばならぬ。集団我が本当の我の意味に徹底して暮して行けるもとは、個人個人の本当の我を考えることより始まると思う。この我が分らないと何も考えられぬ。それについて仏の生活の生き方を考えると分る。

第一、我というものをとり除くには、第一の考え方では到り得ぬ。この第一の考え方を理窟といえば、この理窟では個我、集団我の底に徹することは出来ぬ。この理窟ということを仏教で分別という。この分別という言葉も、我々は何も知らずに用いているが、もともと経典から出ている言葉である。我々はそういうことを知らずに居るが、分別の分の字、は刀の上に八を書くから、刀で左右八字に切り分ける意味だろう。別の字も刀があるな、口という字と力という字もある。力を入れて口を結んでか、口であっと言ってか、刀をふり上げて二つに切りわける意味か、わしはよく知らんが、何かそんな意味があるのだろう。智を丸いものとして分別の力で切りわける。分別とは考えるものと考えられるものと分ける。これから進んでいくのが理窟、分別智という。これは第一の考え方である。

これに対して第二の考え方は無分別智という。無分別という語は本能的にやることをも言うが、分別智をして分別智たらしめるものの底にある。第一の考え方は第二の考え方から出る。第二の考え方があって、第一の考え方が出る。無分別智を仏智不思議という。不思議は、これも仏教の言葉で、世界の七不思議等と使う。すじの通らぬことを不思議な事だ等と言う。妙な人のことを不思議な人だ等というように使うが、不思議の深いものを摩訶不可思議と言うてもよい。お経の中に仏の智は、どんな偉い人の分別智をいくら集めても無分別智にはならぬ。無分別と分別との間には連繫がない。分別智をやたらに集めても無分別智には到達しない。そこに塹壕がある。が、分別智の究極に行かねばその塹壕にぶつからぬ。

1234と数をいくらあつめても無限には到達せられぬ。が、1234と行かねばならぬと同様に集めないと、無分別智の考えすら出ぬ。畢竟《ひっきょう》するに、一即無限だということになるより外ない。一そのものが無限だということになって行くと、個の世界が仏の世界となる。

分別智をいくら集めても量から質は出ぬようなものと考えるもよいが、先日読んだ本に、量があるところへ来ると質となるとあるが、わしにはこれは考えられぬ。量は質を含まぬ。量がいくら蓄積せられても質にはならぬ。量と質とを一つに見る考え方はまた別の道を辿らねばならぬ。共産主義の人が、物質から人間の意識も出ると言うが、その哲学に基いた考え方は甚だ剣呑である。また別問題だが、共産主義の人がそういうようなことを言うのもよく吟味しなければならぬと思う。

もう理窟ではいかん分別ではいかんというのを、仏の一生で見ると、歴史で見ると、歴史と言うたが、この歴史ということがおかしなことで、これは歴史的事実だと言うが、これは人々により、また時代時代によって違う。

鎌倉は源氏、次に北条家のものであり、この円覚寺も北条家によって建てられたお寺であるが、北条家の政治は、ある点では、よかった政治と考えられる。が、今までは、帝室の威厳を冒瀆した義時が、天子様をあっちへ流しこっちへ流したことは大変のことに考えられる。が、義時、泰時から高時の政治さえ必ずしも悪くなかった。北条一族が大勢高時と一緒に死んでいる。わしも、若い時、あの高時腹切り矢倉を見に行ったことがあるが、その一事を見ても考えられるが、北条時代の歴史的意味がこういう意味にも考えられる。義時が天子様に対して行ったことは、皇室をむやみに尊敬する方からは悪いと思われるだろうが、人民から見れば、それまでの政治に苦しんだからあの方がよかった。『神皇正統記』にも、天子様の政治が悪い、北条の政治は良かったと書いてある。あの本は勤王家の北畠親房の書いたものであるが、その本でそう言っておる。歴史上の事実のみが歴史上の事実をして事実たらしめるものでなく、その事実とするにはそこに価値、意味がなくてはならぬ。そこに歴史上の事実の意味は永遠に定まらぬものがある。ある限られた時代ではこれでよいが、分るようで分らんで、分らんようで分るのが我々の生活でもある。

歴史ということについて、くどくど言ったが、わしが今言おうとするのは仏の歴史上の事実についてである。キリスト教では、キリスト伝は歴史上の事実だとうけとられねばならぬ。キリストの生涯がどこまで史的事実かは大変な問題で、あとの人が仕上げたのである。キリストを信じた人が何年かあとに、かくあれかしというものを書き上げたものと言えば言える。仏教の仏の生涯もこう言ってもよい。かくあれかしのものが歴史的客観的事実として出て来た。うそであるとしてもよし、本当であるとしてもよし。本当がうそで、うそが本当と言われてもよし。そういうことから考えると、かくあれかしと願うことを事実化して歴史的事実としてもよし、歴史的事実は君の心が大分その中に入っているぞと言われんこともない。

仏は王様の子であったのも、本当かうそかどちらでもよいが。王城の中で世の中を離れた処《ところ》に暮して居たというが、私は、初めから世の中になれて考えさせられたとした方が偉いんじゃないかとも考える。

仏はこう考えた。生きて居るということはどういうことか、死とはどうか。インドの人の考え方は、我々が生れかわり死にかわることを、輪廻《りんね》の考えを深く考え、哲学と宗教が区別されぬ。

インドの人の心持、この生死の輪廻を離れぬという考え、生れかわり死にかわり、ではきりがない。生きることは苦しみである。苦しみを感ずるのは楽しみがなくては考えられぬ。苦しいことがあるのは楽しみがあるからにきまっている。苦しみから逃れぬのは楽しみからのがれぬことである。これが輪廻である。楽しいことばかりで苦しいことをのがれようというのは、ばかな考えである。苦しいことを苦しいと感じる度合は楽しいことを楽しいと感じるより度合が強い。ショーペンハウエルは苦しいことの方が力があると言う。楽しいことを覚えるより苦しいことを余計に考える。だが「のどもと過ぎれば熱さを忘れる」ということもあるから、どっちかいな。

苦しいことから逃れたいという仏教は厭世的であると言うが、厭世的でない宗教は宗教ではない。厭世とは何かというと、考えるということである。人間は厭世である。厭世でない人間は人間でない。猫だ、犬だ。人間は厭世である。平和を思うのも厭世だ。

さてそこで、仏様は苦から逃れねばならぬと考えた。死ぬのが苦だ。死んで見ないから分らぬが、人間は先を考えるように出来ている。現在の中の永遠を考える。無分別の考え方で、永遠の今、今が永遠であると、無分別智がそう考える。こわい、苦しいと考える。それで第一の考え方を行くところまで行かないと、第二の考え方に移らぬ。そこから、仏の考え方は、インド人一般の考え方、輪廻の苦から逃れたい、あるいは輪廻の楽を逃れたいと言ってもよいが、ショーペンハウエルに言わせると苦と言うが、苦は楽があっての苦とすれば楽とも言える。その苦から逃れるにはどうしたらよいか。仏は、先《ま》ず、分別智に訴えて、どうして自由が得られるかを考えた。一昨日申し上げたように、仏は輪廻を解脱し、本当の自由を獲得するために分別智の方面、第一の考え方の方面から問題を解決しようとした。そこで、その頃のインドの有名な哲学者に参問したと書いてある。それは、大抵その頃行われたインドの考えで、数論の人であったろうといわれる。

その考え方は、先に言った、二元の考え方がもとになっていると言える。今日の考え方が大体二元的である。それはユダヤやギリシャの考え方の系統を引いていて、東洋の考え方と大部ちがうと言える。

そこで仏は分別の考え方から解決にすすんだ。これは自然のことである。子供でも先ず十五、六頃からだんだん智慧が発達すると、すべての問題を分別智で解決しようとする。そしてそれで解決つかなかった。最後の自由を得られなかった。そこで、仏は今度はどういう方面に向われたかというに、それは難行苦行である。これを今日の言葉に直すと、道徳的方面と言うてよかろう。初めの方の考え方は論理的方面と言える。この道徳的方面は自分の慾を矯《た》める。慾は自我が中心となる。自分のためだけに利益をはかる。他人の利害には関係しない。それを今は反対に、自分のことをなるべくおさえる。即ち普通にいう慾をおさえる、むしろ消極的のやり方である。

このやり方は、宗教に関心を持つ者は、西洋でも東洋でも、大抵この面に向うのが普通の順序である。この我をおさえるのは、寒い時にも著物は著ない、お腹がすいた時にも飯を食べぬ、暖衣飽食しない。生存慾を出来るだけおさえる。世界は物質だ。それを生産するのが経済の原《もと》であるとなっている。それでその頃のインドのやり方では、出来るだけ衣食の慾求をへらす。食べるものをへらす、著るものをへらす、そこは暑かったか、寒かったか。インドと言ってもヒマラヤの下だからそう暑くもなかったろう。樹下石上で衣食住の慾を極度におさえて、道徳的方面に仏の問題の解釈が向った。

知的に向っても結着がつかず、従来多くの人が行って来たように多くの宗教家がやる方向に向ってやった。我々は衣食住に束縛される条件の中に生れ、生きておるのであるから、これを出来るだけ軽くすることによって、自由に生死から逃れる道が発見されるということで、この道徳的方面のやり方をやった。これは我々すべてがやることである。その間の時期が記録では六年となっている。これがはたして六年か、または三年か十年かはっきり分らぬが、六年となっている。これには理窟がある。大体人間の仕事の出来上がりには六年十年はかかる。子供が中学大学と進んで、もとの中学四年位から人生の考えが起る。それから六年、大学卒業頃、十五歳から二十歳位に考えが出て、解決のつくのは三十歳前後、二十五、六、人々で違うが、大体その位の年限がかかる。六年から十年位と見てよい。

『論語』では「十五にして学に志す」とあるが、あれは十五歳で勉強しだしたというのではなくして、孔子が十五にして人生を考え出したという意味だろう。「三十にして而立」と言う。その間十五年となっているが、それは、十五頃から三十頃までに人間は大体考え出すなら考え出すとして、こういうことになる。大体六年位の難行苦行時代を過すことになる。そこで、衣食住に対する生存慾をきりつめてどうなるかというと、記録では、仏は自分の坐っている処から立てなかったという。ごまか、そば粉か、そんな粗末なものを食べていたことだろう。栄養が続かんで立つことが出来なかった。身体が弱るのは当然だ。これではどうにもならんと考えられた。それが自然だ。我々は身体を持っているのが条件だ。

生にくくられ死にくくられては本当の自由は得られぬ。最後の解決に自殺をすることがあるが、生きているのから逃れるというと、インドでは死んだらまた生れるという。実際はこういう考え方、生存欲が出るのだから、これをただ離れるわけにはいかん。離したという自覚がない限りは離れることにはならぬ。死んでしまってもまたま〔不明〕か〔不明〕ことがある。生きたままで生きているわけにも行かず、死んだままで死んでいるともいえぬ。生きたり死んだりが存在であるから、ただ分別の上の死ではいけない。生死の条件の中に居ながら、生死にくくられぬものでなければならぬ。死んでしまうと言うなら、何のために生死を解脱しようという考えに乗り出したのか分らなくなる。すると、どうしても食べ物を止めて衰えた身体になってはいかんと思われて、食べることになった。そこで、一緒に修行していた人が、初めは立派な人と思ったが、食べるとなった時、条件に負けたとして軽蔑してしまった。これが人間としてはなかなか耐えきれぬことである。人間は社会的に一人では生きて行けぬ。動物は、獅子も虎も、ひとりで独立して行く。人間は集団的生活をすると同時に個人的生活をする。単に群生するわけにも行かぬ。社会と同時に一個を自覚して行く。そこに分別面の問題では社会的生活と個体的生活の調和をどうするか。奴隷の様に、社会の全体のために個を無視するか、またはその反対に、個のために社会を無視するか。個でも行かず集団、他でも行かず、個であって他、他であって個。これも分別面の話だが、仏が自分の道徳的方面から解釈して、その方面を捨てたことはよほどの決心がなくては出来ぬ。これも一つの道徳的面に於ける仏の修行であると言うてよい。そこに一つの社会意識的道徳的面に於ける仏の一大決心があった。近頃はこれを選択と言う。これを捨て、あれを取るというようなな、大変道徳的にも責任を負う。何かに選択を定めてそれに対する全責任を負うということになると、人間はそれに耐えられぬことになる。そういう責任を負わねばならぬとしたら進む気になれぬと躊躇する。

分別の境に迷うと躊躇逡巡するのが今日の人の考え方の一面である。こういう人は宗教面を充分に意識して居ない人であって、今日私共の見方からすると、逡巡する処《ところ》を踏み越えねばならない。自分の全存在を投げ出すかどうかの処にある。其処《そこ》に危機がある。

それを択んだら耐えられぬという。今日の欧州の人、引いては日本人のなやみはそこにある。凡《すべ》てをすててかからねばならぬ。前に穴あり後に狼が居る。進退極まって、ただもがくのが今日の世界の精神的現状だと思う。これを乗り超えるのが今日の宗教的霊性的現段階であって、仏の場合に於ては、ここで道徳面の決心をし、それを決心する前に分別面の決心が出来たと言える。ここで宗教的霊性面に向う。前に道徳的面をやってこれを捨てた処に今日の仏がある。

仏が知的面でも道徳面でも解決出来なかったとしたら何が残るか。それは何か？　私はこれを、今日の言葉でいえば、知的分別智の面でも道徳面でも本当の自由は得られぬ、善悪を超越する、道徳の世界を超越するところに自由がある、その自由だと言いたい。難行苦行で慾を制して解脱《げだつ》するのも、分別智の何かが残っている。

こういう言い表わしは、私の若い時、この円覚寺の管長の今北洪川老師から「悟らぬ先の善悪はことごとく悪だ。悟後の善悪はことごとく善だ」と聞かされた。その頃私は二十歳頃で、この言葉が分らなかった。それが悩みになっていた。善悪を越えることが自分にとっては容易でなかった。これは真宗でも言う。親鸞の語を伝えた『歎異鈔』の中に、「善人なおもて往生をとぐ、いわんや悪人をや」善人が行く、悪人なおもって極楽に行くというようなことがある。この親鸞聖人の真意は、宗教は善だの悪だのという分別の世界でなく、それを超えた世界であるという処にある。洪川老師が、悟ればみんな善だといわれる処で、道徳を超越しなくては道徳の世界に帰れぬと言える。これをキリストでは神のところへもって行く。キリストでは善悪は神の命令であるから、善をなし悪をなしてはならぬという至上命令、神からの命令が出るという。私がキリスト教を解釈する面から言うと、本当の神は善悪を超えた処に居るから、神が善へ出て来、悪へ出て来る。善悪は我々人間のつけたものであり、神の目からは善も善悪の外、悪も善悪の外。神の目から見ると、悪でよし善でよしという。フランスの諺では「すべてを知るはすべてを許す」ということになる。神の目から見ると、悪いと判断せねばならぬものもことごとく知ったならば、その人はことごとく許されねばならぬ。その人をしてその人たらしめるものを知るものは、神の外ない。人間ではだめである。神はことごとく許す。人間の目からは、悪をすて善をなすことになる。だが我々人間が悪を許すのは神に対する冒瀆となる。近頃ある小説にこの問題が出ていたのを見たが、こうなるのが本当だ。すべては許すが、自分に関しては許せぬ。これを支那の儒教流に言えば、他人に寛、自分に対しては厳となる。小説にそういうことをしゃべらせていたのがあった。

仏は知的にも道徳的にも解決出来ぬとしたら、我々人間は何で解決するか？　この外に人間をして人間的存在たらしめるものが何かあるか。仏には何が残されていたか。絶対の自由を得んとの問題は解決されずに終るか？　人間は畢竟《ひつきよう》悪魔のなぐさめに造られたものか？　分らぬ問題を出して苦しみ終るなら、人間は悪魔の楽しみに出来たものだという人もあるが、これは一面の真理であろう。すらすら解決すると、自分の分らぬ問題を自分が与えられる理由がない。問題の出るかぎりはその問題に対する解決があるにきまっている。問題の問処に答があるということになる。これは『華厳経』に書いてあるが、初めて発心した時即ち正覚《しようがく》を成じて居ると言うが、その通りで、こうだと言うて足を一歩ふみ出した処に成仏しているのだと言える。絶対の自由を得ようとした処に仏の正覚があるのだが、それは、仏がその問題の出処を自覚するのだ。その問題の出処、そこまで気がつかぬ限り悪魔の慰みになる。人間が悪魔を見て悪魔の慰みだとすると、人間は悪魔を征服したと言うてよい。動物だと悪魔の慰みにならぬ。天人然り。人間のみ慰みになる。そういう人間が悪魔を征服する可能性がある。悪魔の慰みはもがきの最中となる。知的にも道徳的にも行かぬ時、問題をどう解決するか？　この悩みが仏の存在の根底にふみ込んだと言うてよい。表の方にふらふらしていたのが、ここに新たな方面に向わねばならなくなる。その新たな方面がなかなか開かん。キリストで「たたけよ開かれん」と言うが、その開き方は、カタカタとかガチャンガチャンとも言われぬたたき方、全存在を没入したたたき方、うわべでふらふらしたものでなく全存在をその存在にぶっつけねばならぬ。それはもう一遍言うと、ここに於て仏は問題そのものになったと言える。今までは、知的面とか道徳面とか二つの分れた道行を通らねばならなかったのが、これではいかんとすると、知的面も道徳面もすてねばならぬ。そこに問題そのものが残っていて、知も道徳もすてて問題そのものになるより外ない。

仏から言うと、悪魔の慰みものになっている最中では、それは見えない。そこから一歩とび出すと仏の全存在が初めから見える。問題そのものとなる。仏は一大疑問符になったと言うてもよい。知とか道徳とかでない、問題が疑問符そのものになったと言うてよい。仏の存在そのものが疑問符となったということは、自分が自分そのものであるから、自分に対するものもない、天地ひっくるめた疑問符、上は三十三天から下は奈落のどん底まで、疑問符がぶらさがって自分がそれになったというより外ない。そうなった処でどうなるか？　それだけでは何にもならぬ。それが撥転、ひっくりかえる処がなければならぬ。そうなるように人間が出来ているのが不思議である。一転せねばならぬものがある。それを我々の言葉では自覚、仏教語で正覚と言う。こいつが出る。天地が尽《ことごと》く一大疑問符になって、自分がぶらさがっている処に何か撥転する機会がなくてはならぬ。

これが普通感覚面から入ってくる。そこに、普通の場合は、感覚の衝動が無いといけぬ。何かにひょっと触れねばならぬ。それはあとからの理窟だが、疑問そのものがその中から出てくる。神が「光あれ」と言うて世界を作ったと言うが、「光あれ」と言ってこういう面倒な世界を作り出した。光があり影がある。極楽には光だけだが、神はどうしてこの世界を作り出したか？　それは神になってみねば分らぬ。そこで仏の疑問がどうひっくりかえったかというと、お経では明けの明星を見たということにしてある。これが不思議と言えば不思議、何でもないと言えば何でもないが、明けの明星の光が眼の視神経を通して脳髄の中枢にふれた。そこに一念が動いた。この一念が忽然念起したと『起信論』に言うが、疑問の中心の中に星の光が当った時、疑問はそれと同時に解決したと言える。仏の場合には星を見た。ある人は桃の花を見た。また掃除をして石が竹に当ってカチンとなった音を聞く。ゴーンと鳴る鐘の音、板の音、色々とある。けつまずいたとたんに見性《けんしょう》した人もある。鳥の鳴く声を聞いた人もある。蛙の音の時もあろう。芭蕉なら「古池や蛙とびこむ水の音」と出る。いずれも感覚的に衝動があって忽然念起の一念、この念が仏教の心理学上大変意味がある、一つの研究問題であるが、とにかく忽然念起の一念は無念の念である。これが感覚面であるが、時には本を読んで居て何かの文句にふれて自覚の面に到った場合もある。大体多くの場合、感覚面の衝動が多いように思える。それは、その方の研究の方があろうからそれとして、仏では、この自覚によって六年の修行の意味もついてきた。そこで苦行の意味、分別の意味が分った。

私はアメリカでよくこんなことを問われる。仏教をやるとどういう価値があるか？　どんな意味がくっついているかと。「何のために？」と言われるが、私は彼等に申すのは、「為に」を自分の外においている限り何のためにもならぬと。では為《し》なくてもよいではないかと言われるが、その意味が外にあるのでなく、それをするそのことがその意味だと言える。これは分別の上では説明出来ぬ。真宗の人によくこんな問題が出ることがある。「阿弥陀様は我々を救うてくれるか」と。その答に「お前はまだ救われて居ないからそういう問が出るのだ」と言う。宗教のことはそうならねばならぬ。大きな魚は網で捕えられぬ。網を透ってつき破る。その魚が何を食べているかと問うのは、阿弥陀様がどうして人間を救うかということになる。その答は「お前は網を透して出て来い。そうすれば何を食べているか分る」というようなものが宗教にはある。

（碧巌第四十九則）三聖透網金鱗。挙。三聖問雪峯。峯云。待汝出網来向汝道。聖云一千五百人善知識。話頭也不識。峯云。老僧住持事繁。

この則について語られて居る事を聴く者は諒せられよ。

砂糖の甘さは自らなめてみねばならぬ。体験せよ。その通りになって来いということになる。

阿弥陀様が救うてくれるかどうかと案じるより、お前阿弥陀に会って来いと言う。阿弥陀に助けられぬから分らぬのだと言う。宗教の面では、どうしても一大疑問符そのものになって見て、それから発展の境涯、自覚の面が開けて来る。その自覚そのものに価値がある。自覚そのものに価値があるとすると、そこから出る働きにも意味がある。それを、普通、分別面に訴えるから、善悪の面にならざるを得ぬ。

これで宗教の個人的の面は分ったとしておく。なるほど、これで仏の絶対の自由は得られたとしても、ここで自分だけが得たとしても、社会的生活をしている限りは仏の個的存在としての体験は仏個人の上で止るものでない。仏を包んでいるその環境と社会的、自然的無機物の環境も仏の自覚に参与していると見れる。これも尽《ことごと》く仏の自覚の面に於て皆成仏したと言うてよい。それは仏の自覚の面から見るとそう言うが、自覚というものは、ただキラッと映ったのみでなく、これが動く。動かなければならぬ。そこで正覚、自覚、人間にも万物にも正覚を生じた面があっても、永遠時間の面でそれが可能にならねばならぬ。そこに動的継続的なものもなくてはならぬ。そこで今日この時になる。

そのただ海印三昧《かいいんざんまい》――静かな星が海に映っているだけではならぬ。海は常に動いていて、星も動いている。静かに映っている面と同時に、浮沈し、動いている面とある。一面にはもうこれでよい。一切衆生皆成仏したと言うが、同時に一切をして成仏せしめる努力がそこから出て来ぬといかん。私の考え方にすると、こうして――私はキリスト教の語をつかって言うが――神が「光あれ」として世界を作ったことは、神が神として自分自身に存在している時は仏の自覚と同じ自覚があったとして、「光あれ！」との一念で自覚と同時に世界が開けたと言える。無始の過去から無終の未来に動くものがある。神が神であることを、同時的に、静的面に於て自覚と同時的に継続的に時間的に創造的に、神の自覚を万物をして尽くを継続的に自覚せしめるものがある。これがキリスト教の「世界の終り」である。あるキリスト者が言う分別的のものでなく、仏教的に言えば無終の終りである。無終の終りまで、すべてのものに現じてゆく過程にあるのだ。

世界はそういうものだとする。そうするとすべての人の上に自覚を促すことをせねばならぬ。そこに単に自然的にのみでなく雄大な仏教の考えがある。謡曲に雪の成仏、植物の成仏のことまで言うが、こういうことは他の宗教にはないようだ。私は自然世界のことはともかく、人間の世界は尽《ことごと》く仏の自覚の世界に入らねばならぬと思う。今日はこの時代の悩みが痛切に感じられる時代である。この時代が単なる共産主義の者達の考えるような安っぽい世界とは考えられぬ。それで、お経の中に出て来るように、「一人の衆生も成仏せぬ限り仏は努力を止めぬ」という。こういう言葉は、一語で仏教が生きて来ると感ずる語である。私にはこの一語、これだけ言われれば尽くすと思われる。『法華経』に、「諸仏はこの世に出てから三千大千世界――この三千大千という考えでも、今日の天文学の世界で考えても、三千大千世界、ただの世界でない世界、限りない世界――その無限の世界のどこにも、一点の地面にも、自分の身を捨てない処はない」とあるのを読むとじっとしていられぬ。自分等も生れて今迄色々な悪いことばかりしているんだが、仏は生々世々と言うが、如何なる空間にも、いかなる時間にも、身をすてなかった。時間も空間もないとすれば、これは大悲の極と言える。

仏が成仏した時、わしはもう正覚《しょうがく》を得た、もう好いから世間へは出まい。すると、梵天が出て来て「世間には智慧の眼を持つ者も居る。どうぞ彼等のために法を説いて下さい」と言うてすすめるので、「それじゃ出よう」、不死の戸を彼等に開かんという梵天勧請の劇的場面の細工がある。そこにどうしても出なくてはならぬ面がある。自覚というものの上には、知的面でなく悲が出る。大慈大悲の観世音、あわれみ、大悲、自分の心が他人に映る、他人の心が自分に映る。一時も一空にも自分の身を捨てない処はないということは大悲の極、これが自覚の中から湧いて来ると、今日の世界をどうするか。自分だけではない、東洋のみではない、西洋だけではない、尽くの人を救わねばならぬという悲願が湧き出ぬわけには行かぬ。ここに到ると悪魔は笑っていられぬ。頭を抱えて逃げねばならぬ。今日の世を救うのはこの自覚より出た大悲より他にない。今日は分別の世の極限に達した。科学全盛、も一つ言うと、政治では権力全盛で、これは分別の上から出て来て大悲を見ない処から湧くのだが、この結局はお互い相戦うより外ない。我々の意識の下では戦争のために平和をやっている。戦争は悲惨だと言うていながら、より悲惨な武器を作っている。この場合、悪魔が大笑している。これではキリがない。畢竟自分一人の上にかかって来る。

国と国との間では、向うの人が生存して行こうが行くまいがかまわぬということになる。昨日もこんな話をした。

舟がこわれた。二人乗っている。一人の強い方の者が一枚の板につかまって生きた。法律でどうするか。法律ではこれを不問にする理論が立つと言うが、我々はそういう問題に当面するとむずかしいことになる。君は生きろ、わしは死ぬと言うか、わしは世界に役に立たんから死ぬとするか、くじで行くか、くじで行って一人生きかえっても世間に顔向け出来ぬような気がするが、国と国との場合はそれが平気で行われる。自国の立場を立場として行われる。これはどうしてそうなるか。我々の心の底に何かがある。三人集まると文殊の智慧も出るが、また反対にギャングとなる場合もある。国と国では、すまして条約というようになる。わしの方は、生きねばならぬということになると、無茶も通さねばならぬことにもなるが、国の場合はどうなるか。

結局は、人々脚下照顧《きやつかしようこ》せねばならぬものでないか知らん。法律では本当の国家の存在はない、そこに宗教が出て来る。今日行きづまったというのは、分別智・道徳面での話である。ここに宗教の意味、思い切って踏み板をふみ切る時に、個的存在の面に於て本当の自覚がなくてはならんのだと感じられてしようがない。

少し「宗教」を説く

1

近来宗教を説くものが、日本の各方面に見えるようであるが、自分から見ると、どうも宗教というものを十分に考えておられぬ人が多いようである。それでここにこれだけを書いておく。
苟《いやし》くも宗教と名のつくものには、是が非でも無くてはならぬものが二つある。この二つがないと、宗教という名をつけておいてもそれは本当のものではない。その二つとは何か。一つは、宗教の中心となるもの、即ち、神であるとか、仏であるとか、或いは抽象的に云うなら、道とか、理とかいうものである。第二には開山または開祖である。このうちでその一つを欠くと、宗教は成り立たぬ。

2

第二からさきに説明を始めると、開山または開祖または宗祖というものが宗教に入用である。

宗祖は嘗《かつ》て吾等の間に生きていた人間である。印度《インド》でも、小亜細亜《アジア》でも、シナでも、日本でも、どこでもよい、どこか地上に一たびは、その生を過した人でなくてはならぬ。外貌から云っても、内心から見ても、吾等平凡のものと、何等変るところのない人間である。ただ吾等と違うところは、その内的生涯、随《したが》って外的行動において、吾等の尊敬・渇仰・親愛など云う諸情念を喚び起し得る底の人格を有《も》つものであらねばならぬ。

宗祖は吾等と同じく悩みを経験したので、よく、吾等の欲するところ、吾等の戦うところを知っている、それ故《ゆえ》、吾等に対して無限の同情をもつ。そして、宗祖はこの同情を本《もと》として、その一生を吾等のために捧げた。宗祖の知的行装は必ずしも哲学者のそれでないかも知れぬが、その云うところ、説くところには、文字以上、論理以上の力を有している。それを聴くと、その人の心に深く喰い入るところがある。二二が四の論理で行くと、どうも腑に落ちぬものがあるかも知れぬが、その人と相対していると、その言葉が悉《ことごと》く真理となって活きた力で吾等の胸に迫って来る、否応なしに、吾等はそれを受け入れる。

3

宗祖は人種的背景をもたぬ、また、特殊の国家に属するということなくして、吾等の前に立つ。丁度《ちょうど》、誰も彼も見る日月のようである、また、誰も彼も聞く雷霆《らいてい》のようである。彼はこの点において絶対的人格をもつと云うべきだ。それ故、人間の棲む処ならどこへ持って行ってもよい。彼は到る処に共鳴の心を見出す。猶太《ユダヤ》族のエホバは自分等に相応せぬとも云える、併《しか》し基督《キリスト》になれば受け取られる。普遍的なものがないと、宗祖は宗教の中心となれぬ。自分の親爺は自分ので、隣の人のではない、が、この親爺に今一つの資格が加わると、彼は誰でもの親爺となる。

この資格というのは外から加えられるのではない。自分の親爺としての親爺性が、排他的でなくなり、包含性を帯びて来る、同情の力が深く且《か》つ広くなる、差別性が即ち同一性となる、その時自ら彼は自分の親爺であると同時に、誰でもから、誰でもの親爺として、なつかしめられる、親しさと尊さとをもって視《み》られる。宗祖はかくして自ら民族の畛域《しんいき》を破って行く。故意に然《しかす》るのでなく、物の自然なのである。

かくしてまた、この宗祖には、近づき易《やす》く、親しみ易い性格が次第に発揚せられて来る。遠くして近よるべからざるものでなく、如何《いか》にも、自分の親爺として友達として、吾が心をよく知っていて、相談に乗ってくれるものとなる。単にこちらからそんな心持をもって彼に向うのみならず、彼からもこの心にいつでも応じてくれる用意を示して来る、また、実際に働きかけもする。社会的に経済的に民族的に、どんな位地に据えられているものでも彼に近づき得る、そして彼もまたその中に這入り込んで来る。こんな人間が現在生きていれば、地球上何処《どこ》からでも、その信徒はよって来る。また、既に歴史上の人間となっていても、その言説に接し、その生活を窺い得る限りは、尚この世に生きていると同様な勢力を発揮する、実に不可思議なものがある。

こんな人格が、何かの意味で中心になっていないと、宗教には力がない。

4

概念で固め上げた「宗教」には、こんな生きた力の動きが感ぜられぬ。神話だけを本にして、これを人格の上に生かす中心のない、製造せられた「宗教」には、人間性の滋味が欠けている。政治的権力で一時の圧迫を加えても、永続きはせぬ、却《かえ》ってその権力に対する反動の時機が来るにきまっている。権力と威力と暴力などでは、人心の機微を永遠に握ることが出来ぬ。人間の有する自由の創造性は、器械で締め上げるには、余りに霊的である。

創造的進化というものが、どうも疑われぬようだ。岩をも透す水の力のように、創造の霊は人間の智慧袋の中にいつまでも押し込めておけぬ。僅か二、三千年の歴史でも、これを証拠して余りある。ところが人間は割合に近眼で、過去の失敗を見ぬ、同じような事をやっては、同じ羽目に出くわす。自業自得と云うが、この勢いで行くと人間全体の滅亡がないとも限らぬ。

5

人格的中心と同時に、宗教に必要なものは、超人格的でしかも人格性をもった存在である。これは宗祖のように歴史的でないが、併《しか》し歴史と離れたものではいかぬ、神または仏というものでなくてはならぬ。

仮りにこれを神と名づけておく。この神は威力のみの源であってはならぬ、否、威力があっては却《かえ》っていけないと云った方がよい。神は無限の愛でなくてはならぬ、何ものをもその中に包むものがなくてはならぬ。讃岐の庄松が仏様の前で昼寝していた。これを咎めたものがあった。庄松の曰わく、「親様の家だ、そんな窮屈にかしこまらなくてもよいじゃないか」と。大地に寝ているような心地がなくてはならぬ、いつも戦戦兢兢として、いつ叱られるか、いつ鞭うたれるかというようなことでは、如何《いか》なる神も人間を引きよせるわけには行かぬ、即ち、宗教の本尊様としては、何等の価値もないことになる。人間のよりつけぬ神様では、どこかへ御立退《の》きを願っておく。

6

人間界には色々の悲しみや悩みがある、不幸がある、災禍がある。これはいくら科学の力でも、どうすることも出来ぬ。出来ると思っているのは空頼みだ。宗教の世界はそれ自身のもので、科学の侵入を許さぬ。科学は、便利な生活様式を教えてくれる、また、物理的・数理的構造で自然の説明をやってくれる。が、生命そのものの不思議、その一端を表現する人生そのものの不思議についてては永遠の謎だ。科学は、始めから、これには指を染めぬ。染めかかると非科学になってしまう。科学者はこれを避ける。が、宗教は此処《ここ》で生きて行く、従って「迷信」というものも這入って来るが、「迷信」の中にも意味はある。この意味を生かしてくれるのが、神である、仏である。

7

それ故《ゆえ》、人間はいつも神と共に居なくてはならぬように運命づけられている。その神は、遠い処《ところ》に居て、吾等の生活そのものと没交渉であってはならぬ。そんな存在は、崇敬の目的となっても愛の対象にはならぬ、抱きつこうにも遠くて手が届かぬ、ひょっとすると、どなりつけられて縮み上がらねばならぬかも知れぬ。それでは安堵の心持になれぬ。科学が何と云っても、政治家や軍人や学者が何と云っても、吾等人間の要求するところは心の安堵である。国民としての要求は、固《もと》より生命と財産上の安堵でなくてはならぬ。国民でも人間である事実を否定するわけに行かぬから、やはり身体上の安堵と共に、心の安堵がほしい。身体上・経済上の安堵さえも何だか危げであるところへ、心の安堵をも奪うが如き仕打ちは、東洋でも、西洋でも、乱暴な為政家のやるところ、その結果は目に見えている。自分に宗教がわからぬと云って、他人の宗教を是非し、剰《あまつ》さえこれを破壊せんとするが如きは、東洋の君子国国民ではないと云わなくてはならぬ。

8

悲しい時にも御念仏、嬉しい時にも御念仏、鐘を聞いても御念仏、御飯を食べても御念仏、雨が降っても日が照っても御念仏三昧、いつも阿弥陀さんと一緒に居る、ここに宗教信者の日常生活がある、また、その生活の意味がある。この妙境に徹せぬものは、これを、「迷信」と云う、非科学的だと云う。ここに人間の情けなさがあり、また「日本人」の排他的偏執がある。非科学が、何故いけないのか、人間になるのが、何故いけないのか。

花の咲くのは科学で咲くのでない、人間の生れるのは国民経済で生れるのでない、咲いてから、科学は何かと詮索をやる、人間が生れてから、国家とか経済とか軍備とか何とか云う。生れぬさき、咲かぬさきになると、科学も国家も手が届かぬ。これはどうしても宗教に預けておかなくてはならぬ。

一言にして云えば、愛の世界、慈悲の世界というものがなくてはならぬ。生命の出処、生命の生育、生命の成就は、この世界に在って始めて可能なのである。理窟で固め、概念でこね上げ、権力で押しつけたものは、皆形骸の世界だけのことである、生きて行くものの心の中へは這入らない。

9

畢竟《ひっきょう》ずるに、宗教というものは作り上げられるものでなくて自然に出来るものである。何かの目的——殊に、経済的とか、国民的とか、階級的とか、民族的とかいうような目的——をもって造作せられたものは、宗教と云うものでない、一種の法律とでも云うべきものだ。しかもそれは永遠性をもったものでなく、ほんの一時的な仮設的なものに過ぎない。こんなものが、或る一部の日本人によりて主張せられているかのように見えるが、近眼もまた甚だしいかなである。

10

独逸《ドイツ》のナチスは、基督《キリスト》をセム族でなくアリヤ族にした、それからまた、ヒトラーを大明神に祭り上げたとか上げんとかいう話を聞いた。ヒトラーは個人としては中々偉い人格だと云う。併し、宗教家ではないようだ、愛の権化と見るべきではないようだ。彼によりて政治上の安堵は得らるるかも知れぬが、人の心の安堵は自ら出て来ぬ。もし仏蘭西《フランス》国民が彼によりて征服せられても、彼等はヒトラーを愛の神として喜び迎えはしまい。何年かの後には、また独逸を引っくり返すであろう。宗教は帝国主義・武断主義・商売主義・科学主義などいうものの下では育たぬ、却《かえ》って是等を崩壊する作用を包蔵している。それで宗教は彼等に喜ばれぬが、彼等もこれなしに生きて行けぬところに、宗教の不思議な働きがある。

11

明眼の人、達識の人は、この間《かん》の消息をよく見得している、それで無理をせぬ。無理をするものは、馬車馬のようで、そして近眼である、それ故《ゆえ》に危険この上ない。馬自身と馬上の人とを千《せん》仭《じん》の崖の下に転墜せしめる。

宗教とは何ぞや

宗教をかく考える

宗教について語る場合に、宗教を単に学問的に研究するのと、自分の身に切実な事実として語るのと二つが考えられる。どっちにしても吾々の生活の上にきわめて切実にして焦眉の急というか、そういうところがある。一般に学問的にいうときには、植物や鉱物の話をするにしても――それは大事なことだが――、切実なという感じはない。植物のことなど学術的・知識的に研究するということは興味あることだし、こうした自然科学ではない精神科学の方でも、例えば政治・経済とかの研究も興味あり大事なことだが、そう切実な思いはなくてすむ。宗教のことになると切実な問題となる。

併《しか》しまた、宗教はいるのかいらないのかなどという問題もある。お寺は死んでから行くものだ、お盆や彼岸参りに行くくらいだという人もある。共産主義者などの中には、宗教は阿片のようなものだ、人をだまして資本家の利益の助けをするものだという人もある。ローマン・キャソリックを非難する者には、あれらはあらゆる権謀術数を弄するものだという者もある。新教と旧教との争いなどは宗教とは関係ないもので、却《かえ》って搾取の道具として用いられるようなことがいわれる。宗教はよいか悪いかなどの問題はそんなところからくる。宗教はいるかいらぬかなどの問いが出るのは、宗教がその人の日日の経験事実になっているかいないかによる。宗教がその身についている者には、そんなことは問題ではなくなる。

宗教を科学的・歴史的に組織立てて話すことも必要だが、今日は主として経験の上からお話して見たいと思う。わたしは宗教をかく考える。宗教はあるとかないとか考えられぬ問題である。空気を吸っていることを吾々は自覚せずにいるが、吸っているのは事実である。ちょうどそんなように、宗教が日常の事実として、いるとかいらないとか考えるのは、或る自覚の事実が反省されてからでなくてはならぬ。子供や動物が動き回るありさまを見るに、犬や猫自身では宗教があるとかないとかわからないようなもので、子供の意識ではわからない。男なら十五、六歳くらい、女なら十三、四歳くらいにならないと宗教意識は出てこないと、学者はいう。子供の時は吾と人との分別意識が発達していない。

子供の世界は自分の心のままに動く。孔子が「七十にして心の欲する所に従って矩《のり》を踰《こ》えず」と、『論語』にいうておられるが、矩を踰えるか踰えないかは問題ではないが、子供は心の欲するままに動いている。子供が蟬をもてあそぶ、羽をちぎる。それは何も残忍性とかいうものでもないかも知れぬ、ただ心のままに動くのみである。人間は十五、六歳になると、今まで先生や親のいうことを聞いていたのが、反対したり理窟をいうようになる。自分がこの環境に占める位置を自覚し意義を考えて疑いをもってくる。これは誰にもあるにきまっているが、ただそれがいくらか強いか弱いか深いか浅いかの差はある。併しながら、その差はあるにしても、人間には何かある。自分はどこから出たか、どこへ行くものか、自分は一体どういうものかというような疑いをもってくる。それで孔子は「十有五にして学に志す」という。この学は知的立場が出てきて疑いをもってくるところのものである。孔子の、十五で学に志し、三十で立ち、四十で不惑、五十で天命を知り、六十で耳順、七十でどうという『論語』のあの語は、自分の経験上よりいわれたのであろうが、如何《いか》にも心理学的にもうまく表明してある。十五から三十くらいの間に、宗教的に自分の一生を立てるものがきまってくる。宗教的・哲学的にしっかりきまらないでも、大体世界はこんなものだというような考えが感ぜられてくる。これは、人間は元来、宗教的・哲学的に理窟をいうように、自分に向って反省するように出来ているのである。

宗教は、キリスト教的にいうと、神が自らを愛するために、自らを知らんがために二つに分けて相手を作ったのであるというようないい方もある、それにも意味がある。何のために相手を作ったのかなどとたずねるうちは、その経験に対してその境地に到っていないから肯《うべな》われないのである。或る人が地獄・極楽はあるかと信者に聞いたら、それはお前がまだ救われていないからそんな問いが出るのだというたというが、阿弥陀様があるかないかなどというのは、会ったことがないからないというまでだと答えるよりほかない。宗教は理窟では通らぬところに落著くよりほかなし、そこが、安心《あんじん》！　自ら肯う安心のところ。そこに、宗教的世界、宗教的境涯が出てくる。

「信」について

臨済和尚は、「信不及」とか、「少信根」とか、「信」についてよく説くが、この「信」が大事だと思う。キリスト教でも「汝等信少なき者よ」とよくいう。この信が宗教的に大事である。信は知識の至らぬところをいうが、この「信」が得られたら宗教がわかってくると思う。信は、客観的に何か向うに置いて考えるものではないと思う。信ずるものもなく、信ぜられるものもない、所謂《いわゆ》る能・所――能は、能動的、働きかけるもの、所は、受動的、対象的のもの、前を主観、後を客観というてもよい――のない、主と客のない、主・客を絶したところにあるものを信という。知識は、知るものと知られるものと対象的の立場を離れぬ。信は、こちらに吾、向うに神様というように対象的に考える限り到底得られぬものである。信は知識を離れたものである。「花が赤い」というようにいう直覚ではない。知識は推理である、直覚はじかづけであるとしても対象の考えがある。信は対象を絶したものである、ここに禅も成り立つ。禅は信がないというようにいう者もあるが、そうではない。臨済には見性《けんしょう》なる字はないようだが――六祖は見性をいうし、今の禅家でもいう――、信を用いた。「見性」は「性を見る」でなく、見即性・性即見のとき成り立つ。見るは感覚のうち最も直接的な感覚である。見性の見が、その点おもしろい。見＝性、一つであるとして――その一つがまた残ってはならぬが――、これを信という。信と知識・直覚との区別も出る。神と人との融合というように説かぬ。仏教の方は、二つから始まらずに、一つから――天地未分・父母未生以前から――始まるというてよいと思う。信ずるものも信ぜられるものもないところに信が出来る。それがほんとうの宗教である。信ずる対象も信ぜられる対象もないところ、ここのところは、何とも説明のできぬところである。が、ただそれだけではいかん。これを日日の仕事の上に錬磨するところに、心の欲するところに従って矩《のり》を踰《こ》えぬ境地に到るのでなくてはならぬ。

宗教の芽生え

宗教はどこから生れてどこに行くかを自覚させるものだという。併《しか》し、これを吾々の経験事実の上に照らすと、わたしは生れたいとも生れたくないとも思わぬが、ともかく出てきたのだ。生れたことは事実であるが、生れて不幸な目に会うと、生れたことを悲しみ自殺したり、頼みもせぬのに自分を産むなんて甚《はなは》だありがた迷惑だというて親を殺すというようなことになる。考えてみれば、何一つ自分の自由になることはない。第一番に、生れることが自分の自由ではない。仏教では業《ごう》というが、吾々は偶然というか、自分の自由で何ともしようのないことで、いわば運命である。生れて大きくなって学校へ行くにも、自分の自由とは限らぬ。学友も自分で選ぶわけでもなく、時には不良少年の友だちが出てきて誘惑するようなこともある。生れる土地・国・人なども自分が選ぶわけではない。日本が良いとか悪いとかで生れたり生れなかったりするわけでもない。すべての事実が自分の自由からではない。細かく考えると、その生れた土地の気象から草や木から歴史から、何もかも自己を作り上げるにあずかって力がある。今日、日本ではこうだが、ロシアに行けば共産主義の教育を受けてコンミュニストとして育て上げられる。そういう国へ生れ合わせるのも何もかも自分の自由にいくものではない。そうなると、泥棒するのも、自分がするのではなく、環境の必然性からそうなるのだというようなこともいえる。そうすると、泥棒しても、自分に罪はない、社会的罪であるというようにもいえる。その社会も歴史的にそうなっているのだから誰の意志でもない。自分は強く生れたとか、のんきに生れたとかは、一種の遺伝か環境によるということになると、無責任なことになる。結婚の場合を考えても、自分の選んだものとしても、生理的衝動に基づくとしても、他の動物的のそれでなく、人間にはロマンスがある、情緒がある。そこに人間的なものが現われてくる。それが自分の自由になっているわけではない。家庭も、もつれるのもあり、円満のもある。もつれの中に愛情がある。愛情のもつれであるともいえる。が、もつれは自由ではない。併し、悩みそのものには無責任というわけに行かぬところがある。

ところで、親から生れさせられたのだから自分には無責任だといいきれぬ。生れてどういう苦をうけても、生れていることに対して喜びを感じないものはないであろう。苦しみを喜びと感ぜざるを得ないようなものがある。苦しかったら死んでしまえというと、ちょっと待てというて考え直さねばやまぬことがある。そこに宗教の芽生えがあるといえる。

人間の苦しみにつけ喜びにつけ、それを通して生きて行くことを、生きて行く喜びともいわれず悩みともいわれぬ超越的喜びを感ぜざるを得ない。それが、安心、仏に救われる、生死を超越したということになる。人間はそういうふうに出来ているのであるから、宗教は自分を離れてはないことになる。

十五、六歳になり、自分を知るということから、宗教の芽生えがある。このほかに、病気をすると自己を中心にした不平不満が出てくる。そうすると何でそうなるかと反省して見たくなる。そこで宗教は、病人とか不幸の人とかから出る。宗教は病的のものだという人があるが、機縁というか機会というか、発生が宗教そのものの価値をきめられるものではない。人間も動物的に出てきたのだから、人間もきたないものだと生物学的にきめられるとは限らぬ。恋愛も単なる性的の生物的関係のみに見るわけにいかぬ。発生からは宗教の価値はきめられぬ。親に孝の場合、親は先行、吾は後行だけの関係を見て、親孝行の要はないと考える人があるが、わたしらは親に対して何かありがたいという感じがある。それはどういうものか、何かそこに、価値というものに絶対性があると思われる。慈悲のひらめきが人間の中に出てきて、これが親に孝となり夫婦の愛となり友人愛となり隣人愛となる。これは後からもう少し詳しく申したいと思う。

「怒り」の意味

自分が悩みに出会って、何故悩むのかということが出る。これが厭世となる。悩みは厭世とや趣が違うが、実際は同じことである。仏教は厭世的であると一般にいわれるが、わたしらも子供の時そうかなと思ったが、宗教にはこれがあるのである。宗教ではどうしても一度厭世的にならざるを得ぬ。人間がほんとうの健康を知るには、一遍病気にならねばならぬ、否定の階段を経てこねばならぬ。

仏教、殊に禅宗などでは、否定・般若・無・不等と否定的の言葉がやたらに出てきて、『般若心経』でも「不不不不」と不の字が続いてあげくのはてには「ギャアテイギャアテイ」とわけのわからぬ文句でおさえてある。禅僧の中には、「道《い》い得るも三十棒、道い得ざるも三十棒」という者も出る。禅宗は知的である。これに対して浄土門では、煩悩を煩悩と自覚する時、極楽へ行ける道が開ける、これは肯定のまま極楽へ行ける。

禅宗では、論理的に知的のみでなく、これと同時に疑いという意志的のものが猛烈に動いている。昔から人間は知・情・意の三つに分けて考えることがあるが、これはよっぽど便利な分け方であるが、大体、浄土は情と意、禅は知と意、浄土では、情の裏づけに意、意の裏づけに情、禅では、知の裏づけに意、意の裏づけに知があるとしており、意は両者にある。

生命そのものは意欲である。意は生命である。こうすると、意の現われが宗教である。臨済はよく喝《かつ》をつかった、馬祖にもある。喝は臨済によって始まったことではないが、彼において大いに特徴づけられた。「喝」は本来エジャキュレーションで、犬のワンワン、猫のニャンニャンと異ならぬ。言葉には意味があるが、「喝」には何等の意味もなしに絶対のそこから出た一つの表現であるといえる。直接経験を離れて思想上の論議をするのが通常だが、「喝」の如きに至っては意味をつける道がない、思索の道をたどることができぬ。それにさえも、「四喝」というように、「喝」に意味を読み、拈弄《ねんろう》・翻弄するようになっていくが、これは或る意味で禅の発達であり、また一面退歩でもある。それはともかく、熱喝嗔拳《しんけん》というような心理的な意味の加わった字も出てきたことにはまたわけがある。

人間に「怒り」がなかったらだめである。動物が怒るとき毛を逆立てるのがある。今まで自分の中にある枠の中にかがんでいたものが中からそれを破って深いものをあらわすものである。これが怒りである。善にも強けりゃ悪にも強い、正義に怒るものがなかったらだめである。普通の怒りを禅では巧みに利用する。教育にはこれが必要である。鞭打《むちうち》・体罰も時に加えるのが教育上よいといっていた人があるが、わたしも必要だと思う。禅宗の方ではこれがよくある。禅の語録や『伝燈録』等をひもとけば、いくらでも喝だの打だの拳だのと出てくる。何もいいもせぬのに打たれる、打たれて怒りを感ずる。この「怒り」は、自分で自分を越えさせる。「何くそ」とふんばると、限られたところを突破することができる。禅宗はこれを意識してやったのではなく、自然にやったのであるが、説けばこの意味である。これから禁欲制度も出る、衣の上、食の上、生活の上に。

うきことのなほこの上につもれかし限りある身の力ためさん

という古歌がある。「怒り」は他から加えられた積極性の面であり、禁欲の方は自分の方からの消極性の面であるが、ともに自分の限られたところから脱出するものである、打破するものである。

怒りは、禅宗でそういうふうに教育的に使用されるが、心理的悩み、論理的否定、これが意的に怒りになって出てくる。修行はそこに出てくる。

否定を否定する

生命に対して執著を離れた境地をほんとうに体験するには、相対的な生命から離れねばできないが、これを離れるには否定の過程をとらねばならぬ。十五、六歳にして自覚するという時、自分を一度否定する、自分が自分だけでないもの、他があると感ずる時、それだけ自分を否定したことになる。子供の時の自分と他人との間柄は、自覚の意識ではない。それは動物にもある本能的のものである。ところが十五、六歳になってこれが出るのは、自分の否定をしたところに自覚が出るのである。

そこで否定ということは、否定を否定してどこどこまでも否定することになるが、否定を否定する、その否定をまた否定する、その「否定するもの」を肯定するもの、そのものを論理的に認めるのでなく、その存在を自覚するものがあるというところの、その「自覚するもの」が自覚するものがないというところのもの、さきに神について二つに分けたそのものを自分のものにするもの、それを自分が体験する、それが宗教である。これを、禅の方では知的に、浄土教の方では情的に体験する。

禅宗では怒りが一つの教育法であるといったが、それには、第一に大信根がなくてはならぬ、次に大疑がなくてはならぬ、も一つ大きな憤りがなくてはならぬ。大信根・大疑団・大憤志というが、この大憤志は、人間が自分の限られている世界から解脱《げだつ》をしたいというてそこに決心をする、それが大憤志だといってよい。動物が怒るのは、それはただ自分に危害を加えられたというような意味で怒るのだが、宗教的のこの大憤志は大意力であると申してよい、それで前にいった怒りと関係がある。現状を打破して、も一つ飛び出たいという希望・意志・意力の働きがある、それを大憤志といってよい。

大信根と大疑団が矛盾するように見える。大信は信仰であり、大疑は疑いである。文字の上ではすこぶる茫漠としていて矛盾しているように見えるが、自分が自分に満足せずにそこから出ようとする、その力は何から出るかというと、それが大疑団と大信根による。信と疑がないといけぬ。信は肯定する方、疑は否定する方、信と疑は否定と肯定とになる。否定と肯定なる文句がないと、現状を打破超越せんとする大意志が動かぬ。論理的に、否定の、肯定のというても、何か動くものがないと意志といえぬ。動くものは否定と肯定がなければ動かぬ。信と疑の二つがある。それによって動く。こうしないと人間の宗教意識は出てこぬ。それにより現状を打破することになる。それを打破してほんとうの肯定がなくては、人間は生きて行けぬ。肯定したものを土台として否定しないと、人間は生きて行けぬ。人間が生きているのは大肯定であるが、それには否定がなくてはならぬ。それで、仏教には『般若経』があるが、その『般若経』には繰り返し繰り返しこう書いてある。

仏教のことを始めて知られた方には、般若なるものもおわかりでないか知らんが、

「般若非《ハズ》二般若《ニ》一故《ニ》般若《ナリ》。」

なる句が『般若経』に充《み》ち満ちている。この論法で行くと、「山は山でないから山である」、「水は水でないから水である」、「人間は人間でないから人間である」ということになる。それでは「誠はうそであるから誠である」というようになると、価値の標準はなくなる。こうなると、めちゃくちゃになるようだが、人間はこういう世界の中に動いている。肯定を否定し、その否定のところから新たな肯定が出る。そこに自覚が出る。肯定が否定で、それが肯定であるという。こうい

う冷ややかな論理の形であらわすと、どこに宗教的なものがあるかというが、宗教というのはそれを日日の体験の上に、行為の上に自覚するところに体現するのである。だから論理・言葉の上では冷ややかに見えるが、大憤志ということになるときわめて熱烈なものを含む。

これを日常底に考えると、話をするにも物が二つあるから話ができ、考えるにも物が二つあるから考えられるのである。人間に言葉が出来たのも、動物的一元の世界から離れて自覚のある二つの世界にはいったからである。

動物は衝動により動くのみで、二つに分れた知的・意識的世界ではない。二つに分れた世界の中にあるのが人間の特徴で、それが人間の世界である。

無縄自縛とか、本来悟っているのに迷うから悟れぬとかいう。迷うとか自縛とかはいけぬというが、それが人間の特権である。始めはどうしても、縛られるように、迷うように出来ている。迷い込むのが人間の最大特権である。これがなかったら動物か神様である。

無明不覚というが、無明がなければ悟りはない。無明があるのはまことにありがたい。そうなると、迷と悟、覚と不覚、これは宗教的言葉であるが、も一つ哲学的言葉では、永遠と変化——仏教の言葉では何というか、無常、生滅、日日変化するもの——、永遠とこの変化との二つを考えて見ぬといかぬ。でないと、宗教や哲学の話はできなくなる、人間生活そのものもわからなくなる。

永遠と変化

吾々は普通変化の世界に居るが、それでは満足できずに永遠の世界にはいろうとする。これを見ないと生命の意味がなくなる。宗教も哲学も、何か意味を、何のためにということを見たいのである。吾々の生活は、生れるより死ぬまで自由にならぬ、他により制せられているが、それにも拘わらず生きていることをありがたく賜り物として喜びたい。そこに何か意味があると思い、それを体得したいと思う。そこに悩みがある。永遠を一つつかまなくては生きがいあるといえぬ。生きがいあると自覚体得せぬと、宗教は何の意味もなくなる。理窟はわかっていても、この自覚が出てこぬと満足がない。理窟は分別であり無明である。無明は吾々の深いところまではいっているから、自覚は深くいやが上にも徹底しなくてはならぬ。徹底すれば自覚そのものもなくなる。ともかくそこに何か踏み出すと自覚があり、更に踏み出すと更に自覚が深まる。自覚だけはなくてはならぬ。自覚は価値を与える。こういう意味で生きているのだという時は永遠の相に徹底せねばならぬ。変化の世界に居っては永遠性に徹せぬ。永遠の中に変化が動いていると考える。永遠と変化とを分けて考えて、変化が永遠の中に動いていると考えるのではまだ徹底しない、変化即永遠・永遠即変化でなければならぬ。そうすると、般若非般若の故に般若、般若と非般若が一つになり動いている、動いていることもなくて動いている。これが中々面倒で思うようにいかんが、わたしは仏教においてこの点がうまく体得せられていると思う。他の宗教では、変化即永遠・永遠即変化ということが中々わかりにくい。

こういうことを仏教でいうと、世間では、仏教は否定の宗教で、何もかもたたきこわすというて排斥する論拠にするが、仏教がすぐれているのは、この、変化が永遠、永遠が変化ということをつかんでいる点である。

「寂」について

「諸行無常　是生滅法　生滅滅已　寂滅為楽」なる偈《げ》をもって虚無の宗教であると、仏教以外の人が見がちである。仏教の中でも禅宗は般若空だというようなことをいう人があるが、それはほんとうに禅宗のわかった人ではない。

諸行無常、　　諸行は無常なり、
是生滅法。　　是れ生滅の法なり。
生滅滅已、　　その生滅が滅し已《おわ》れば、
寂滅為楽。　　寂滅でそれが楽しみである。

諸行無常。この諸行の行は、行為の行《こう》ではない、行《ぎょう》である。この行が仏教の一つの特徴である。倫理的行為の行ではなく、この行は「働き」である。この行は無常である、常に変化している。これが生きたり死んだり刻刻に違っている。

是生滅法。これが生滅の法である。ここにまた、法の字があるが、これは仏教独特の字で何とも訳しようもないが、原理という意味もあるし、物質というような意味もある、真理という意味もある。万法などという時は客観的の物と見る。今ここでは原理と見てもよい。それは、生滅の原理として、諸行は生滅の原理を具象化しているととるとよくわかると思う。これは生滅の原理の具現したものであるととる。

生滅滅已。生滅を滅しおわる。今日の言葉では、生滅を超越するというか、生死を越えるというか……、そうするとどういう世界が開けるかというと、寂滅の世界が開ける。

寂滅為楽。寂滅をもって楽しみと為す。この寂滅の滅は、さきの生滅の滅ではない。寂滅の滅は寂で形容された滅で、生を離れ、滅を離れた絶対の滅であるととるがよい。仏教では、寂がまた余程の意味をもっている、特に東洋的には、哲学的に宗教的に生活的に。

東洋では吾々の生活の根柢に寂がはいっている。わたしは仏教徒だからこういうのではない。どうもキリスト教などにはこの寂が見えぬ。キリスト教を排斥するとか攻撃するとかいうのではなく、区別して見てのことであるが……。この寂、天空海闊、鳥飛んで鳥に似たりで、道元禅師の「鳥飛んで鳥に似たり、魚行いて魚の如し」というような、何等とらわれるところのない、そのものがそのものとして働きを自由に出しているところがおもしろい気がする。それをキリスト教ではいつまでも神にとりつかれているかまつわられていて、神様から離れられぬのがわたしとするとおもしろくない気がする。これは少し横道にはいったが、この寂が、お茶の方で――茶に禅がはいっているとして――和敬清寂の四字をよくいうが……、この寂の字で押えたところに仏教本来の姿があるようだ。この寂によって、そのものが、そのものとしての働きを自由に出しているところに、東洋的なおもしろいものがあり、この寂は仏教についてまわっていて、日本にまで、殊に禅を通じて茶にもはいっているといえる。

この寂滅の寂は、大寂滅で、生滅の滅の意味でなく、寂滅の滅に寂の字の著く点を、かく見なくてはならぬ。この寂はノーもイエスもないところである、そこに楽がある。この楽は、御馳走食べてうまいなとか、風が吹いて涼しいなというような楽ではない、絶対の楽である。宗教でも哲学でも何でも、人間が人間として生れて、その人間の価値に徹底するところに出る大安心《だいあんじん》が楽である。この大安心は、存在・実在に徹底して尽くすところにある、即ち向うに何もないところに出る。何か奥の方があるということになると、まだ実在を尽くしたといえぬ。そこに何もないところ、哲学や倫理の方では理窟の上で渾身の思索を尽くして自分の学問に解決したとしても、この大安心がないと、この寂滅の世界にはいらないと、宗教の世界ではない。思索が体験に一致しなくてはならぬ。思索が経験となり、経験が思索となり、円環して大寂滅の底を尽くして無底の境にはいる、これが宗教体験である。

禅語によく「無底の籃《かご》に野菜を盛って帰った」などという。

千代能がいただく桶の底抜けて水もたまらず月もやどらずなどともいう歌もある。これは鎌倉時代の千代能という女人が悟った時の歌だといわれて有名な話だが、そういうように実在を尽くしたところがなくてはならぬ。外国の本に実在をエキゾーストするという語があるが、空間的にいうと、寂滅する、ここに大安楽が出る。この働きがあるところに人間があり、これがなければ木石と同じことになると思う。

そこで今の「諸行無常　是生滅法　生滅滅已　寂滅為楽」をくどくいうと、これをただ相関的に見ないで、何だか滅入るような心になるというようにならずに、日日の行動が活躍躍動し体得する底があるのを見なくてはならぬ。禅宗でよくいう境涯というところ、口でいえぬところがある。口でいっても、これをわかったものでないとわからぬ。酒は、酒飲みでないと、酒の味をいわれてもわからぬようなものが宗教。宗教には手のとどかぬようなところがある、自ら弄し自ら喜ぶ底のものがある。

個人的なもの

ここに一転して見ると、宗教はきわめて個人的のものである、絶対的個人的のものである。宗教は要か不要かなどの話になると、そんなことをいう人は一棒をくらわすどころか相手にできぬことになる。人人個個のものだから、絶対性の個人に徹したものであるから、他人事に話のできるものではない、始めから相手にしないほどに個人的のものである。それで、或る人の宗教を定義するに、宗教とは個人がひとり居って、ひとり言をいうところに現われたところのものであるという。「神が自分を二つに分けて自らを愛する」という閑《ひま》なことをやったのが宗教の極致であるというたが、ひとりが相手をこしらえて、ひとりがひとりで居って、ひとり言をいうというのは、神がひとり居って、ひとり——自分と対する者——をこしらえて愛するものとしたと同じことである。こうなると、絶対性のひとりは神・絶対神と同じである。自分は神であるというと、大変なことになるが、そうなると神であるよりほかない。そこまで行くと、それなら何もないかというと、神は自分の相手をこしらえてしゃべらねばならぬことになる。

何故かとここでは問いを出す必要はない。分別は、問題——迷い・苦しみ——を解決できぬのである。分別を仏教で目のかたきにするが、自分にわからぬものを出したいたずら者を分別では解決できぬ。問題を出すものは、問題を解決するものではない。問題を解決せぬ分別とか哲学とかは、どうしてそんな問題を出したかというと、その裏にある、般若の智、無分別智がそれを出すのである。分別の世界では、無分別に動かされ、そそのかされているとは知らずにいるが、無分別は分別にいたずらをする、どうもそう出来ているのでしようがない。

吾々の、悩むということは、迷うということは、人間がそういう具合に出来ているので、ありがたくもあり、またありがたくもなしであるが、結局ありがたいのであるということになる。

人間が神をこしらえたのは、キリスト教的にいうと、人間が悪いことをする、それが気の毒だから、キリストを差し向けて、人間の罪を背負って、はりつけにさせるというからくりがある。神学者の大問題は、神様が何故人間となったか、またそれを救うために何故キリストを犠牲にしたか、自分を殺さねば人間を救うことができなかったか、というような持ってまわった芝居をやらなければならないかというところである。この芝居があるので人間はおもしろい。これは悲劇であるとするが、また一面喜劇でもある。

個人と環境の関係

それでは個人と環境の関係はどうか、底の底に徹すると底の無い世界が開く、その世界が直ちに自分を包むものである。自分を包むものが環境・万法というてもよい。自分が万法に包まれている、また個が万法を包んでいるというてもよい。そこは、二元的にいわねば話ができぬからそういうのだが、二つが独立して存在するとか、あちらがこちらをどうするとか、こちらがあちらをどうするとかいうが、それは吾々の分別の上での話である、そうしないと、吾々は生活の上で手も足も出ぬことになる。百足《むかで》は沢山の足があるが、どうして一一の足が動くのかなと百足が考えたら、一歩も進めなかったという話があるが、そう考えると、進むも退くも動きがとれなくなる。杣人《そま》が山にはいって「さとり」という不思議な動物を見つけて、つかまえようとすると、「お前はわたしをつかまえようとしているな」という。これはいかんと思ってあきらめようとすると、「あきらめようとしているな」という。何かしようとすると察しられ、どうにもならなくなって、うっちゃっておけと、木こりをしていたら、その不思議な動物がつかまえられたという話があるが、こちらに何か分別心というか反省心というか意識があると、向うが全身をもってこちらに応じてこぬということになるが、その間の矛盾が解決できぬ。というて、解決せねばならぬとして解決せんとする、そこに矛盾があり悩みがある。

これにつき思い出すが、近頃、征服するとよくいうが、これは東洋にはなかったもので、ギリシャの思想から流れてきたものである、近頃は山へ登るにも征服などというが、これは吾々の先祖もわたしらもそうは考えぬ。己れに克つは一つは訓練であって、登山の訓練なども自分に克つことである。それは、自然で行く、自然に従うとはいうが、自然に勝つとか、征服するとはいわぬ。征服の念は非常にわざわいをなし、今日に至るまでの、或いはこれより来らんとする世界の動乱も、この征服の概念から出ると思う。これでは世界の動乱はやまぬ。それを押えるには、この考えをとってしまわねばならぬ。春になれば咲く花は咲き、秋になれば散る紅葉は散る。自然のままにして自然の法に従えば、そうなるようにしかければ、こちらが力を加えずに自然になるようになる。事実は、山がくずれた、花が咲いた、鉄砲だまが飛んだとしても、意味が違うと、西が東というぐらいに違う。違いの結果は惨憺《さんたん》たることにならざるを得ぬ。それで自然に従うというのが、東洋的であり、更にはそこに世界的真理があると思う。今日の科学者が力の観念で動いているうちは紛争はやまぬ。吾々の人生の自然にそむくと思われてしようがない。

物が自然に従うものであるとすると、禅宗の人の悟りでいえば、例えば『臨済録』の中の人・境というような考え、主と賓、主と客というような考え、個人と環境という考えが出来ると、物は二つに分けて考えられねばならぬが、人が境に対し働きかけ、境が人に対して働きかける時、自然の調和がないと軋轢が出る。軋轢があっても私がないものなら、あるべきものであるからそれは差支えない。この私がないということを、仏教でやかましく強調するのである。そこで互いに矛盾したり、衝突したりする、風が吹いて物が倒れる、雨が降って崖がくずれるとしても、風にその意なく、雨にその気がない、お互いに私を持っていないから自然である。これが人間の場合には、風が吹いて物が倒れてならぬものなら倒れないようにする、雨が降って崖がくずれて困るならくずれないようにする。それに十分の力を尽くさぬなら、宗教的に見て足りないのであり、道徳的に見て責任を問われることになる。雨で崖がくずれたり、堤防が決壊したり、汽車のレールがこわれたりするのは、宗教的にはなすべきをなさなかったのだから責められ、道徳的にも責任があるのである。この場合、人間においては、自然と違ったものが出てくる。

「善」について

さきに「諸行無常　是生滅法　生滅滅已　寂滅為楽」という無常偈《げ》のことをいうたが、それを徳川の初め頃に居られた無難《むなん》禅師が、この偈の意味を和歌で述べられた。

生きながら死人となりてなりはてて心のままにするわざぞよき

といわれたが、これがどの宗教でも——禅は禅として一つの知的形体をとり、浄土は浄土として情的形体をとっているが、どの宗教でも——、生きながら死人となりてなりはてて徹底する。そうなると、もう思うこともないようだが、そこに尚お動く一念のままに自然と動く働きが善である。この善が普通の善悪の善ではない。わたしも若い時、この円覚寺にきて禅をやって洪川老師に参じた時に、この洪川老師の『勧善余論』という本を手にしたが、その中に、

「悟りの前の善悪は善悪共に善也、迷いの前の善悪は善悪共に悪也。」

という言葉があった。チベットの泥棒はさきに懺悔をしておいてから泥棒するとかいうが、これはどうか。飢えてる人に食を与えたり、着物のない人に着物を施すというようなことは、悟りがあるなしに拘わらず善いにきまっているではないかと思って、この言葉が、長い間、わたしの頭の中で問題になっていたが、今考えると、飢えた人に食物を与えたり着物を施したりすると、善因善果で、何か善い果があるだろうとして動くと——社会的に善いことをしているのだから道徳的にも善いが——、宗教は動機を元にするのであるから、それに基づいて考えると問題が出る。

かの、よく例えられる井戸に落ちた子を救おうとする時の心、あのような時、心が自然なら、行為の結果は悪としても、善いことであることもある。自然の心は本能に近い。では本能と自然とはどうか。考えると、自分というものは何もない。生れたいと思ってここへ生れたのでもなければ、この日本に生れようとして生れたのでもなく、皆自然だ。そうなるとあなたまかせになる。

が、そこに分別心が出て、善いか悪いかと考えるともうだめになる。そんなら自然自然と、任運自在ということになるとどうなるか。

猫や犬が仏様以上のことをあらわす。猫が鼠を捕えるのは、人にほめられるためでもなく、鼠が憎いのでもない。鼠をとっても直ぐ食べるでもなく翻弄する。如何にも鼠をいじめているように人間からは見えるが、猫から見ると、いじめてやろうとして翻弄しているのではないように判断される。人間からは残酷だと思い、鼠をにがしてやろうとする気分になる。それが孟子の所謂《いわゆ》る惻隠《そくいん》の情というようなものかと思われるが、何が本能で、何が自然か。猫や犬は本能を本能のままに自然に肯定しているが、人間になると、強い国が弱い国をいじめる時には理窟をつけてやる。善いと思うて施すのだから善いように見えるが、あちらからはいらぬお世話のように見える、殊にこれに力を加えるにおいてをや。例えば、瀕死の病人に無理に薬を飲ませるのはよいことであろうとも、何か力を加えるようなことは宗教的には許されるかどうか。道徳的には許されても、力をもってやらねばならぬ方法論の上において問題がある。

そこで本能と自然だが、今日のように本能的に動くと世は乱れるようだが、宗教が自然に帰れという意味には、本能の動くところに一つの意識の働きがある点が大事だ。心のままにする、好きなようにするのだというのではなく、ほんとうの宗教的生涯は、無難禅師なら「死人となりてなりはてて」と、なりはててしまった境地で「心のままにする」、そこにあるので、それを一首の和歌にあらわすと、自然そのままを、後から分別——直覚的分別——に訴えて叙述した跡に過ぎぬから、すでにもうほんとうの動きのところには触れぬ。

「心」について

心随万境転、　心は万境に随《したが》って転ず、
転処実能幽。　転ずる処《ところ》実に能《よ》く幽なり。
随流認得性、　流れに随って性を認得すれば、
無喜復無憂。　喜びも無く復《ま》た憂えも無し。

という偈《げ》がある。禅はインドで出来たのでなくシナで出来たのである。ところが、インドで出来たということにしてある。そこで二十八代達摩に到るまで転伝伝法するということになる。その間の第何祖か忘れたが、その師の伝法の偈だという。それは皆作ったものだ。『景徳伝燈録』等に載っているが、どうも唐時代に作ったものに相違ない。これは『臨済録』にも出ていて有名なものだが、「心は万境に随って転ず」の「心」とは何だ。「境」はわかるとして、この心は、吾々の意識している心理学的の心か、或いは形而上学的の心か。仏教では心の字の用い方がきわめてきちんとしていない。第二句はしばらく措いて、第三句の「流れ」は何か、川の流ればかりでもなかろうが何か。「性」は何だ。第四句の「無喜無憂」となると、木石のようになるのか。第四句は、も一ついいかえると、論理的にいえば否定もなし肯定もなしか、道徳的には善もなく悪もなしか、寂滅の処といえようか。

さて最初のこの「心」は、無底の心――桶の底を破って水もたまらず、月もやどらぬところ――ともいえるか。また相対的な心でもあり、絶対的の心でもある。絶対心は何かというと、そ

の境地を一遍通った人なら、暑いとか、かゆいとか、憎いとか、かわゆいの心でもよい。この心がこの境に対する、この境――物でもよいが――は外にばかりでもなく中にもある。暑いというのは、何度になったから暑い。聞えるというのは、振動数がいくつとか、短波がどうとか、長波がどうとかによるだろうが、聞くとか見るとかは心理状態の具象として心に映るものである。何が内か何が外かというと、吾々のからだもよく考えると外の空気も中にはいっている、どこまでが内か外かわからぬことになる。境は必ずしも内外の外だけではなく、意識の対象は悉《ことごと》く境である。意識は見るものと見られるものの二つで動いているのであるとする。

さて第二句、「転処実に能《よ》く幽」の「転」だが、本能も転である。風が吹く、自然は風という力を加える、吾は倒れぬようにこれに対する、その風が吹き動いているもの、転ずる処、実に能く幽。この「幽」の一字がここの眼目である。転は、ただ動いているのを客観的に形容するものでなく、その動いているものの裏付けで、それを自分にこれだと体得するものが「幽」である。「幽」の体認がなくてはならぬ。転処――幽という場所で転ずる処――が場所で、場所が転で、そこに幽という具合を認得するように出来ているのが人間である。動物にはこれがなく、神様にはあるとしても、神様は自覚しているということも自覚しないのであると思う。「幽」は、自分ではわかるが他人にはわからぬというが、この「幽」を押えてしまわねばならぬ。

第三句の「流れに随う」とは転である。転が、転で転転する時、動いてやまぬ時、生命の流れ――「流れ」はよくいってある――がある。孔子が川上にあって「逝者《ゆくもの》は是《かく》の如き夫《か》、昼夜を舍《お》かず」という時、孔子がそこで味わったものといえようか。「天何をか言わん哉、四時行われ百物生ず」。天地は何もいわぬが、そのいわぬ天地に、孔子は「幽」の処を体認してかくいったと見てもよい。転ずる処に性を認得する、性が流れる。流れに随って流れる性の処に性を認得すれば、善であり悪であるそのものを心理的に体得する、それを「幽」という。外のところは論理的に直覚的に叙述したが、ここに「幽」の一字があるので生きてくる。これが人間の特色であり、そこから見て天地は人間の外にないといえる。神様は人間を作って「幽」を見せしめたといえる。そうすると神も人間により幽を味わえるし、人間も神がなかったら幽を味わえぬとすると、人間と神は一つになるともいえよう。「幽」はただ落著いた静かな境地だといえぬ。転・流が無くては「幽」は出てこぬ。

哲学者・思想家は立派な家を作るが、自分はその家に住まぬ、その隣のあばら家に住んで、立派な家を作って楽しんでながめているようなもんだといった人があったが、それも哲学者みたいな者だが、それはよっぽどおもしろいと思う。思想分別で色々のものをこしらえる、ながめているがその中にははいらぬ。そこが人間としておもしろいものであろう。美しい家を作ってはいらずにながめている。人間は批評するから妙だ、鏡を作ってながめるからおかしい。鏡を作って自分で自分の顔をながめるところに人間のおもしろさがある。

「法界」について

そこでこういうことがいいたいのだ。それは『華厳経』がよっぽどおもしろいと思う。『華厳』を解釈するに、唐時代に法蔵——この人を賢首大師と尊ぶが——、この人が自分に到るまでの二、三代の思想をまとめて作りあげた本の中に四法界ということを説く。インド人はよっぽど偉いが漢民族もよっぽど偉い。この民族の持っているものの最も優秀さを発揮したのは唐時代であろう。唐代に法蔵のような人が出てきたのは驚くに価する。日本では、西洋のものならアリストートルとかカントとかヘーゲルとか大騒ぎをするが、東洋のものを余り顧みない癖があるが、こっちにもこうした偉大な人物があるので、西洋に対して逆襲してよいと思う、それも競争になってはよくないが。わたしは沢山偉大なものがまだまだあると思う。

さてこの四法界——理法界・事法界・理事無礙《むげ》法界・事事無礙法界の四つ——だが、その中の事法界の事は、「こと」という意味の事でなく、一一の意味である、今の事の用い方と違う、個——インディビデュアル——の意味である。法界も、インドの法界の意味と、シナのとはちょっと違う。法界は、ただの物理の世界ではなく、ここでは、感覚の世界と、知識の世界と、も一つ上の霊性の世界を引っくるめた世界をいう。

理法界の理とは、知識の上で抽象した、一般的にした、事の一一の世界を抽象し、個個を統《す》べる一般の理窟で押す世界である。

理事無礙は、事と理が、一一の個と一般とがお互いに衝突しないで融通無礙となっている世界である。理が事となり事が理となる世界、これまでは西洋の論理にもあろうが、も一つ上に事事無礙法界を認めた。これが華厳哲学の頂点で、吾々の考えの到る頂点である。

事事無礙の事事は……、ここに卓がある、そこに縁側がある、向うに木がある、敷居がある、鴨居がある、わたしがある、あなたがある。そして、敷居が鴨居、わたしがあなた、あなたがわたしである。こうすると、わたしの物はあなたの物、あなたの物はわたしの物、他人の物も吾が物とすると泥棒を許す世界が出る。併《しか》し、ひとの物も吾が物も皆一緒くたにする意味ではなく、これが出ぬとだめであろう。泥棒を許すというより、許すなどの考えもない世界がこの最後の法界である。何億年の光年を通さねば、この目に映らぬ星も、この地球と一つである。同一とはいわぬ、星が月で、月が地球でと同一のようにいったが、それを無礙という言葉であらわす。これを円融無礙という、同一とはいわぬ、無礙という。そこに「幽」が成り立つことになる。円融がなかったら「幽」が出ぬ。理事無礙では、理と事との間の働きがあらわされぬが、事事というと、その事と事との間の働きが展開する。

事というと一、理というと一切・全。個一と全体との関係を円融無礙の間から見て『華厳』でこういうふうにいいあらわす。摂入《しょうにゅう》の二字でいいあらわす。受け方と働き方というてよかろうか。万境が吾々に向って働きかける方は、万法が我に摂するといいあらわし、逆を入といいあらわす。個一と全と――事と理と――摂と入の四つの概念を自由に組み合わせると四法界が出る。

一能ク摂㆓一切㆒入㆓一切㆒。

一切能ク摂㆑一入㆑一。

一切能ク摂㆓一切㆒入㆓一切㆒。

一能ク摂㆑一入㆑一。

この四つの組み合わせにより円融無礙の様相を十分にいいあらわしている。これが今日の世界観に当てはまる。吾々が一切のものになる、一つのアトムになり、一つの星となる。また社会的の方面からいうと、吾々個人が完《まっと》うすると同時に社会の一切を完うする国家が世界を作る時、一つの国家が絶対性を作ると同時に、他の国家を認めねばならぬ。これを賢首大師は色々に考える。大師の法界観、これがすべてをいい尽くすと思うが、一が一切となり、一切が一となる、これを動かすものは何かというと、わたしはこれは大悲であると思う。円融無礙を働かしているのは大悲である。

宗教と宗教でないもの

近頃頻《しき》りに「新興宗教」ということが新聞などに囃《はや》し立てられるが、それらのいわゆる宗教なるものは本当の意義において宗教なのか。世間の人々は何ごとにつけあまりはっきりした概念を持たずにただ何となく名をつけると、その名のまわりに寄ってたかって何だか正体のわからぬものを捏《こね》あげて仕舞う。「新興宗教」の名で定義せられてある集団について見ても、果して宗教というべきかさえ疑わるる甚《はなは》だ如何《いかが》わしいのがある。

表向き商売をするでもなく、政治を語るでもなく、学校のような教育をやるのでもない。それかといって、純粋な道徳的結社でもない。一寸外見集団的既成宗教に似たような礼拝や儀式を行う人々の集まりを世間では宗教団体だという。似て非なるものと正真正銘のものとを混同すると、飛んでもない錯誤を次から次へと生じて止まるところを知らぬ。猫は猫にしておき、虎は虎にしておかぬと、話の筋が通らぬことになる。

そんなら宗教というものは何かということになる、それはこうだ。宗教は実地その中へはいって生活したものでないと、わからぬといえる。砂糖を嘗《な》めもしないのに、甘い甘いといったってわかるものでない。冷暖自知とはこれから出る。そんなら宗教を知らぬものに宗教を語れぬか、現に仏教とか基督教《キリスト》とか何とかいうものがあって、大いに伝道布教しているではないかと、人はなじるであろう。しかし実際をいうと、おおく語りちらされているものは、宗教ではないので、ただの話草にすぎぬのだ。止むを得ぬので、こんな話草をつづけるだけのこと、その実は夢に夢を説くほどあわいものである。

それでいま自分は宗教はこんなもの、このほかは宗教でないというが、それが果して宗教を知らぬ人々にわかるか、どうか、その人達にきいて見たい、宗教とは、有るものを無いものにし、無いものを有るものとする。一種のからくりだ。これを宗教の定義とする。

しかしこれはわかったものでないとわからぬから、ましてこれを応用して他の似而非《えせ》的なものを批判することなどは「宗教」の裡《うち》に生息しない人の出来ることでない。

こんなことをいっていると、話に結末がつかぬと思われるから、一般の読者は次のように考えてほしい。「神や仏を信じて助かるものか」と或る人の尋ねたのに、「君らはまだ信じたことがないのだ」と宗教者は答えた。この点では真宗の信者であった無学の讃岐の庄松も、「危機神学」では近時世界に有名なバルトも同一轍である。それで今読者はわしの言葉を、とに角信じて、宗教はこんなものだと考え、しかして「新興宗教」なるものを批判して見てくれ給え。

まず宗教は「有るものを無くする」ということで始まると考える。この定義をいわゆる「新興宗教」の何でもよい、それにあてはめて見る。彼等は病気が直るという、金がたまるという。これは有るものがなくなるのでなく、有るものの上にいやが上に有らしめんとするのだ。まず病気が有ると考えるのが迷いの一歩である。金はためるものと思うのもそうだ。仕合せがほしいというのもそうだ。何か有ると思い定めて、そのものをやたらに積み上げんとする。求めるものは得られないで、積んだと思うものは、次から次へと崩れる。なくするのが宗教の第一歩であるところへ、有を抱きしめて離れまいとする、そんなところに宗教は何もない。

「何の道」でも、「何の家」でも、「何本教」でも、「何理教」でも「有」の権化のようではないか。大きな伽藍を無暗に造る。広告宣伝をやる、商品と何もかわらぬ、会社だとか株式だとかいう。病気を癒す、仕合せをくれる、金がたまる。管長とか本尊という人には金がうなるほどある。贅沢なくらしをやる。これはいずれもいくらかの事実があるものと見てよい。こんなものが「新興」だの、「宗教」だのといって騒がれた日には、わしらは泣くよりほかない。有を無にする代りに、有の上に有をつむ、頭上に頭を重ねて行くときは、少し考えて見ても、その行詰りは一目瞭然だ。

有の上に有を重ねるのが、しかし現時の世界の大勢と見える。アメリカに「クリスチャン・サイエンス」という集団がある。そのもとは東洋思想だ。東洋からの輸出であるが、アメリカ人はそれを知らず、東洋人もそれに気づかぬ。いわゆる「新興宗教」で、ボストンの本山などは堂々たるものである。近ごろこれが日本へも逆輸入せられるという。それからアメリカには「ニュー・ソート」、「メタフィジカル・ヒーリング」、「ロージクルシャン」、「ヘルメチックス」、その他種々の「宗教」がある。欧洲各国にも、そんなものが屹度《きっと》いくらかずつあるに極《きま》っている。しかし何《いず》れも「新興宗教」だ。有の「宗教」で畢竟《ひっきょう》は自ら崩潰の途をたどるべきものである。

現代は皆この「有」に囚われて、動きがとれぬようになっている。経済は勿論、教育でも、美術でも、文学でも、悉《ことごと》く「有」を中心として躍り廻る。宗教までがそれであるから、その他はもとより然《しか》るべきであろう。人間生活の一大危機に瀕しているといってよい。日本だけでない。

宗教でも何でもないものが、「新興」とかいう名で持囃《もてはや》されるにつけて、考えさせらるるのは、「無」の宗教である。これが本当の宗教の本義なのであるのにも拘わらず、「無」をいうべきものさえ、付和雷同して「有」の三唱に随喜するとは、何たる僻事《ひがごと》ぞ。これは末法とはいうのである。「新興宗教」などといって、騒がれるのも、畢竟じて「有」にかぶれている世界の現勢からだ。

見よ、今日「無」をもって卓《た》っている本当の宗教がどこに在るか。仏教は空という、基督《キリスト》は神のみ心という。神のみ心は天国に「有」を積み上げるのか。空は即是色で、色有の世界を建設するのを仏教の義と、仏教の人達は心得ているのか。一人の仏僧の「無」に生きる人を見ないといっては、少しいい過ぎるかも知れないが、殆どそうだ。

これにつけて思い出されるのはアシジのフランシスである。これほど徹底して「無」に生きた人はいない。空拳で天下を横行した。大会を営むにも絶対無で臨んだ。物資はどこともなく集まって来た。弟子達は公共物だけでも所有権を附しおきたいと願った。が、フランシスは毅然としてこれを斥《しりぞ》けた。何事にも平和な柔順な聖者であったが、「所有」の一点では、個人と集団とを問わず、決してこれを許さなかった。自分の天職、基督から授かった使命は「無」の宗教であると確信して動かなかった。赤裸の基督を信ずるものは、また赤裸でなくてはならぬ。これがフランシスの信仰だ。彼はどこまでもこれを主張した。この主張は誰が何といっても耳を仮すことをしなかった実に鮮かなものであった。

今日世界の要するところの宗教は、この「絶対無」でなくてはならぬ。聖者フランシスの如き決心を以て貫徹しなければならぬ。「無」の宗教だ。これが「新興」として唱えられねばならぬ。然るに何《いず》れの宗教も、伽藍の建築と荘厳に惟《こ》れ日も足らず、精神的建設を閑却し去っている。既成宗教には、もはや宗教の本質はその影もないのだ。まして既成宗団の跡を逐《お》いかける「新興」においてをやだ。

維摩《ゆいま》の昔からわれらの病は皆痴愛からだ。「有」の痴愛がいつになったらとれるか、「無」に帰するか。それで仏、菩薩の本願は世々に尽くるところがない。

東西の本当の宗教者は「有」を排斥する点において何《いず》れも同一轍《てつ》に出ている。一衣一鉢、樹下石上ということ、ただ気候の上の話ではない、その根柢には「無」の主張がある。これは宗教を本当に解するもののみによりて、見通されるところのものである。これに一分の差誤があると、末は千里の隔たりを生ずる。「無」の宗教に所得税はかからぬ、百畳敷も五百畳敷もいらぬ、金襴の袈裟もいらなければ、水晶殿も月宮台もいらぬ。

自分は「新興宗教」のその「宗教」の二字を嫌う。

宗教経験の様式四つ

1

これはまだ纏まった考えと云うのではないが、宗教経験の類型に四通りあることが誰にも気がつく、それを少し述べたいと思うのである。真宗の人は他力に限るとなし、禅宗の人は他力など云う無責任な道徳観念の上に、自分等の宗旨は打ちたてられぬと云う。宗我に囚えられたものから見れば、自分等の宗教経験以外は、悉《ことごと》く未到底のもの、不徹底のものなのである。併《しか》し宗教の研究者から考えれば未だ必ずしも然《しか》らずと云うてよい。

先頃基《キ》教における僧院の発達を調べて居たら、次のような事に逢著した。それは中古時代の武士が僧院を保護する動機についてである。ここにその願文と云うべきものを二通掲げる。

「私はジャーヴェースと云うもので、騎士階級の一人である。わが霊魂の救済が心配になるのであるが、自分だけのお祈りや潔斎だけでは到底神に達し能《あた》うと思惟出来ぬ、それで誰かの助けを借りなければならぬ。その人々は日夜に精進して神に仕える人々である。その人々の仲介によりて、自分の力でかなわぬところを助けて貰いたい、これが自分の願である」と。こういう塩梅《あんばい》にして僧院に対する寄附行為をやって居る。

次はピーターという同じく騎士階級の人であるが、その人の願に曰わく、「われはこの教訓によりて、罪多いものであるが、また何の値打もないものであるが、自分の未来に対する冥福のためこう願うのである、即ち神の蜜蜂に比すべき僧院の聖者達が、自分の供養した果樹園でその蜜を集め採り、それで其人達の聖き収穫が充実出来るなら、その人達は供養主の自分を忘れないで居るだろう、どうぞそう願いたいものである」と。

仏教と基教とはその教理の上から見て、互いに相容れぬと思わるるほど、その組織を異にするのであるが、各教徒の宗教的経験そのものから見ると、その揆《き》を一にするところがある。即ち何《いず》れも自分だけの努力では、その魂の救いが請合われぬ、どうしても専門家の力をかりなければならぬと云うのである。それには専門家に衣食住を供給するに如《し》くはない。無心の道者一人を供養する功徳ははかり知るべからざるものがある。こう云う人の宗教経験をば随喜型と名づけたい。

普通人の宗教経験はこれ以上に出ぬ。なまけものの宗教観のようであるが、畢竟《ひっきょう》ずるに他力宗は此《かく》の如き経験の最も純粋なところから来るのである。自分ではどうしても力不及《およばず》であるから、他の力を借りるより外ない。そしてこの「他」なるものを出来るだけ理想的に向上させると、一方では弥陀如来になり、また一方では基督《キリスト》になる。

何となく他を頼みたいと云う赤子の心、ここに宗教がある。

2

このつぎには菩薩的宗教経験と云うものを挙げ得る。これはさきのずるいと思われぬでもない型と正反対の位置にたつ。他人の功徳によりすがると云うのではなくて、他人の罪苦をも自分で背負うと覚悟するのである。第一型式を余りに卑下性を帯びた意気地なしの気分であると云うなら、これはまた誇大妄想狂的であるとも云える。一人で背負いきれぬと云う罪業の重荷でもまたはこの世では到底も実現出来ぬ理想でも、何でも、自分一人に引き受けて他には一分の迷惑をもかけまいと云う決心である。如何にも快男子の意気と見てよろしい。

趙州従諗《じようしゆうじゆうしん》和尚の処《ところ》へ一人の婆子が来て「婆はこれ五障の身である、如何にしてこれを免がれ得べきか」と問うた。趙州曰わく「願わくは一切の人は悉《ことごと》く天堂に生れてくれ、願わくは婆子だけは永く苦海に沈ませてくれい」と。これをメシヤの思想とでも云うべきであろうか。代受苦の菩薩の心行をここに読むべきではなかろうか。

また趙州の下へ一人の雲水が来た。趙州にはその頃天下に響きわたった石橋があった。それをひっかけに「趙州の石橋……と随分世間に聞えたものであるが、来て見れば何でもない一条の丸木橋同様のものでないか」と詰《なじ》りかけた。趙州曰わく、「汝はただ丸木橋だけを見て本当の石橋を見ないのだ」と。「そんならその石橋と云うのは一体何だ。」趙州徐《おもむ》ろに口を開いて曰う、「それは馬でも驢馬《ロバ》でも何でも渡るものは悉く渡らしてやるわい」と。この橋と云うのは抑《そもそ》もどんな橋だろうか。近頃ならば、自働車でも汽車でも、わたらんと云うほどのものなら、一切をわたらせてしかも橋そのものは、その軽重を問わず、その好悪を説かず、その是非を論ぜず、いつも黙々としてすべてを背負って行く。ここに菩薩の願行《がんぎょう》があるのではなかろうか。菩薩と云うのは大乗仏教の精神を体得した行者のことであるが、その真義は他人の苦悩を自分のものとして甘受するところに在る。娑婆往来八千返と云うも、還相廻向《えこう》と云うも、菩薩型の宗教経験を云うたものである。

第一類の宗教経験とこれとは雲泥の差があるようであるが、その実は同一体を両面から見たに過ぎない。第一があって第二があり、第二があって第一があると云う塩梅に相互性を帯びて居る。但《ただ》個性の相違によりて、或る人は第一種に属し、或る人は第二種に属する、必ずしもその間に価値の軒輊《けんち》をなすべきでないと思う。凡夫も智者も同じく人間としての宗教意識から出発して居るのであると、そういうてよい。

3

自力と他力とをわけて、第一類の宗教経験を他力と云うときは、自力は第二類に該当しないで、今茲《ここ》に挙ぐるところの第三類を云うことになる。これを羅漢型と名づけておく。

これは自力で独善の宗教である。無明《むみょう》を感ずるけれども、必ずしも罪業《ざいごう》を感ぜぬ。頗《すこぶ》る知的傾向を帯びたものである、それだけ何事も自分を本位にする。他の力を借りぬ、足らぬところは自分で補い、闇《くら》いところは自分で照らさんとする。何度でも生れ代り死にかわる、一旦成就せんと決心したところは、何でも貫いて進まねば止まぬのである。「自らの灯明になれ」と仏が説かれた対機の宗教意識を説明して居る。

僧院《モナステリー》と云い僧団《サンガ》と云う宗教的生涯の様式はこの類《たぐい》の人々によりて創《はじ》めらるるのである。どんな俗人でも折にふれては左の如き詩偈《しげ》を読むと如何《いか》にもさっぱりした心持になるに相違ない。もともと吾等にはその社会性を否定する半面がある、つまり原始的野獣的本能の反響が遠くきこえるのかも知れぬ。千里の竹林に孤行した猛虎の昔の自由さが恋しいのである。

千峰頂上一間屋、老僧半間雲半間。
昨夜雲随二風雨一去、到頭不レ似二老僧閑一。

此《ここ》には、猛虎の如き落付きのない、心の底からこみ上げてくる衝動的逼迫の物凄さは、固《もと》より見らるべくもない、が何事にも囚えられぬ千里孤行的の自由さはある、悠々自適の処が人間の野獣と異《ちが》うところで、茲に宗教的鍛練の効果が見えるのは、今更事新らしく言うまでもない。

西洋の詩人にも次のような詩句がある。何処《どこ》まで続くかわからぬ程の広い野原の一軒家、世間の是非好悪の響きも聞えぬ樹の下陰、これが恋しいのである。

O for a longe in some vast wilderness,
Some boundless contiguity of shade,
Where rumour of oppression or deceit,
Of unsuccessful or successful war,
Might never reach me more.

これは単なる厭世観とか隠遁的態度とか云うべきものでない。世間がいやになったら何処か人なき里に逃げたいと云うのでない。望月の欠けたことなきほどの世の中でも、人間には何となく淋しい思いの起ることのあるものである。憂にも喜にも関せぬ何物かとのみ感応して見たいあこがれがある。茲に羅漢的経験に到達すべき道行の一筋が横たわって居る。

禁慾主義で一生を貫く聖者の面影が、何となく、何時《いつ》の世に在りても、崇敬の目的となる所以《ゆえん》は、人間性のどこかに羅漢型の宗教経験があるからである。

ゼローム聖者が新到の道者を誡しめた言葉の一節に曰《い》う、「汚《け》がれた着物をつけるのは、その心の却《かえ》って純白なるを示さんがためだ、粗末な胴着をきるのは世間を冷眼に視《み》んためだ、併しこれがため自負我慢の心を生じてはならぬ、それでは却って此衣此言語に背《そむ》くことになる、それから澡浴は肉慾を刺戟するから、これを省くがよい」云々。僧院生活者の乞食然として、汚なかったのは有名な話である。風呂にはいると感覚上の慾をそそると云うのは日本人などにはわからぬ。が、とに角、汚衣粗食で一世を睥睨《へいげい》するところに一種宗教上の満足がないとも云われぬ。乞食桃水の心持ちを味おうて見るもよい。

4

今一つ法悦型または歓喜型と云うべき宗教経験を挙げて見たい。これは第一の随喜型から出ると云うてもよいが、第一類には時によると、悲観に傾く心持が多い。宗教としては何《いず》れも畢竟《ひっきょう》じて楽観に極まり、法悦にしたるのが本来のように思われる、が悲歎の涙にくれるところにもまた一種の宗教味があるから、ここに殊に法悦型と云うものを設けたのである。

この種の経験を有するものに在りては、すべてを肯定に見るのである。そしてこの肯定には、知性よりも情味の方が勝って居るので、少しの冷《ひやや》かさもない、また超脱性も見とめられぬ、ただ何事も春風のようにその中に包まれて行く、羅漢さんのように、山水の間、巌穴《いわあな》の下で、結跏趺坐《けっかふざ》するとか、隻履《せきり》を携えて葱嶺《そうれい》を越えると云うようなことはない。また寒山拾得《かんざんじっとく》の画でも見るように縹渺《ひょうびょう》として捕捉すべからざる風貌を見ると云うこともない。寧《むし》ろ布袋《ほてい》さんのようである、袋の中に何程の春風を包んで居るのかわからぬ、満腮《まんさい》の笑《えみ》は人間一切の苦しみを融け流して居るようだ。仏に救われたのか、神に助けられたのか、わからぬ、或いは自らが神になり、仏になったのかも知れない。百不知、百不会《ふえ》だか必ずしも不得要領ではない。

この種の宗教経験を代表する適例はフランシス聖者ではないかと思う。仏教者殊に浄土系の信者にも、よき例があるに相違ないが、今は歴史上の人物を挙げる。有名な「太陽の歌」はフランシスの宗教的生活を赤裸々に告白したものである。この歌の最後に附け加えられた「死」を歌う一節は殊に妙である。聖者はわが死の近づくことを知るや、喜びに堪えざるものの如く、両手を捧げて、大呼して「善来、吾妹なる死よ」と叫んだと、伝者は記して居る。それから自作の「太陽の歌」を吟誦して止まず、集まり来た弟子達は、師を失わんとする悲しみに迫られて、物言うことさえ出来ぬ。聖者はそんなことに頓著せず、彼等をして自分と共に「太陽の歌」を歌わしめる。その歌の終りに近づくとき、聖者は突如として、「死」を讃するの一節を加えしめた。その意を訳すれば、こうである。

「この身の死、これはわが妹である。われは彼女のために主をほめたたう、死は何人《なんぴと》も遁《のが》れ得ぬところ。有漏の罪業をそのままに死に行くものは禍《わざわい》なるかな、されど主の最も神聖な御心に称えるものは幸いである。この種の人々には、二度目の死は、何等の災《わざわい》を加えぬからである。」

半死の聖者が音頭とって、「太陽の歌、死の歌」を歌い合う一群の乞食僧を見れば、「オオ死よ汝の毒牙はどこに在るか」と云い得られよう。が、余りに陽気なので、弟子のうちで俗気のあるものは、四囲の状況や評判に気兼ねし始めた、余りそんなに騒いでは、聖者の末期《まつご》に傷をつけると思うた、事によせて聖者の注意を引いて見た、が、聖者は愈々《いよいよ》近づく神との会合、これを喜ばずに居られようかと歌の声を一段と張り上げた。(「張り上げ」だけは記者の想像。)

こんな聖者の宗教経験から見ると、この世界の諸価値が、吾等の見方とは全く相違してくる。まだこの外の様式をとった宗教経験もあることと思う、また上述のものも今少しく詳述せぬといけないい、が、今度はこれで擱筆する。

宗教的経験

先頃足利浄円さんのお話である。白痴を教育するには、生やさしい事ではいかん。どうしても痛く叱りつけるか、それでも足りなければ、叩き付けるかして、おこらせなくては駄目だ、との事である。これは足利氏が在米のとき実地に見たところだと云う。

それから同氏自身の経験でも、少し低能な小児などは、良馬鞭影に驚くと云うようなことはないから、なぐりつけるなど云う手段も必要だとある。

これは余程意味のある話だ。実際的心理学によれば、古人の所謂《いわゆ》る「憤せざれば啓せず、悱《ひ》せざれば発せず」で、何かこれに転換の条件が備わらぬといけない。神経の鈍感なものには、この条件が一寸《ちよつと》したことで出て来ぬ。それ故、非常手段を用いて、絶大の刺激を与える。すると、今まで萎萎随随底のものが、鬱積して居た能力を発する機会を獲得する。

この刺激に対する感受性の敏なると鈍なるとによりて、人間精神の向上性を測度することが出来るとも云い得らるる。併《しか》し感受性には敏と鈍との差の外に深浅の差がある。それでこれを動かす刺激にも大小強弱の差を認め得る。

何《いず》れにしても、吾等の精神には幾許《いくばく》かの層があって、普通には表面の層だけが動いて居る。白痴のようなものではこの表面さえも不感性である。それで始めから非常手段が必要となる。生来の盲聾啞を兼ねたものでも、意識の層に一種の隆起を生ずる機会があると、今まで全くその中に閉ざされて居た暗窟が破れて、そこから智慧の光明が出る。これが出ると、それからと云うものは、もはや今迄の世界でなくなる。盲と聾と啞を一人で背負い込んで居たものでも、普通の人間並の意識が啓《ひら》けて行く。玄沙《げんしゃ》の所謂《いわゆる》三種の病人を一身に引き受けて居ても、何の心配もない。或る場合には、普通の人間以上の意識さえ働き出ると云うのである。最も有名な例は米国の婦人へレン・ケラーである。誠に驚くべきものがある。

仏蘭西《フランス》の心理学者で、ルイ・アルノルドと云う人の引いて居たる聾啞盲の一例がある。その人の名をソドウキン・ラシヤンスと云うが、この人は生れながらの不具で、見ることも聞くことも、饒舌《しゃべ》ることも出来ぬ。ところが、彼女は牛乳が好物であったので、何とかして牛乳に対する符号を覚え得させせんと、附添いの人はつとめた。中々それが会せられなんだ。三箇の重要な門戸が閉ざされて居ては、その中に幽屛《ゆうへい》せられて居る意識を導き出す手段が容易に受け入れられぬ。彼女はいつも牛乳の茶碗を取り去られると、憤怒の情を漏らすのであったが、或る日、怒りに堪えられぬまま、地団太踏んで居ると、忽然としてその平生から伝えられて居た符号が、意識上にひらめき出した。それがきっかけになって、幽屛の心は次第に明るみに出るようになったと云うことである。

このきっかけは突如として顕われ来るのであるから、全く非連続性のものである。悟りである。

一枚一枚に剝げて来るのでなくて忽然として一念に起るのである。跳躍である。精神生活の創造的なる所以は此《ここ》に在る。

こんな心理が政治の上に現われるときは、革命と云うことになる。沈滞の伝統空気を一掃して、何か新しいものを引き出さんとするときには、どうしても革命でないといけないとも考えられる。そんならと云って全く伝統を捨てたでは、また何にもならぬ。歴史の上に立った革命であってほしい。非連続の連続と云うことを考えさせられる。とに角、創造は飛躍である。或いは飛躍でないと創造はないと見てよい。

この事象は政治の上にのみ見るべきでない。また普通の意識の発展の上にのみ見るべきでない。その最も意義あるものは、宗教的生活の上に現われる。即ち吾等精神の奥底に潜んで居る人間真実の力は、一種激烈なる衝動を経ぬと活躍を始めぬ。創造的飛躍は、智力的、論理的のものではない。どうしても無分別性のものでなくてはならぬ。

宗教は非合理的だとか、信仰であって知識でないとか、或いは阿片であるとか、或いは迷信であるとか、色々に観られて居るのは、宗教の飛躍性を指すのである。論理や分別は連続性で、一分一分ときざんで行く。前念後念と引きつぎ引きつぎ進んで行く。併しそれでは宗教心の居処《いどころ》はつきとめられぬ。どうしても突き破るところがなくてはならぬ。救いの手はそこから飛び出す。悟《さとり》の光はそこから閃《ひら》めき出る。

どうしても宗教のわからぬ人がある。世間人の多数はそれだ。如聾如啞である。必ずしもそれが悪いとか、浅いとか、可哀想だとか云うのでなく、事実だけの話である。

怒って怒って怒りぬくと、その暗黒面の下からひょっと本来の面目底が躍り出す。「突出す那陀の鉄面皮」で、一撃に撃砕したと云う経験がないと、これが云われぬ。こんなことの少しも経験せられぬ人々に、なんのかんのと云ったって、話のわかりようがない。色の恋のと云っても、三つ四つの赤児では何もわからない。そんなところには、飴とか乳とか云うものでなくてはならぬ、根機相応だ。

この根機の相異で、世の中が面白くもあり、また面倒でもある。御互いに分ったような顔して、挨拶もし、話もし、愛しもし、憎みもするが、その実、我と彼と風馬牛不相及的生涯をつづけて行くことが多い。それでも何だか、こうやって共同生活がして行けるから不思議だ。非連続の連続か、矛盾にしてしかも相即か、これを宇宙の摩訶不可思議となす。

併しこれは何《いず》れにしても、我々の意識にはいくつかの層か、室というものがあって、一より他に移るには、飛躍が必要だと云わなくてはならぬ。そしてこの飛躍の出来るのは、異常な衝動をきっかけにして居ると云うことが事実である。

どのお経に書いてあるかわからぬが、阿修羅と帝釈天との大戦争があって、阿修羅は敗北した。敗北の極八万四千の眷族を引連れて蓮の糸の中へ入って隠れた。帝釈天は其処《そこ》までは攻めることが出来ないで退いたという話がある。これに就いて白隠《はくいん》和尚が一個の説をたてている。その大要を言うと、元来阿修羅にしても帝釈天にしても、大神通を具えて居るのである。敗けて逃げるにしても蓮糸の穴の中へ隠れなくても、外に隠れる所はいくらでもある筈だ。極微塵の中に隠れたっていいわけだ。それから帝釈天にした所が、何処《どこ》までも見透す眼力があるし、逃げるのを追かけて、取拉《とりひし》ぐ丈《だ》けの速力も充分にある筈だ。それにとても力及ばずとして、神通力尋常ならざる帝釈も退却したというのは頗《すこぶ》るおかしい。何かわけがなくてはならぬ。白隠和尚は、そう考えて、或る日定中に忽然としてこの事がわかった。

それは白隠和尚が公案を提撕《ていぜい》する上に於て、心識微細の流注という事を言っている。これは坐禅の経験あるものには解りきった所であるが、ひらたく言えばこういう事になるのである。

儒者は誠は天の道である。これを誠にするが人の道であると言うが、この誠という事が中々むつかしい。どこまでが本当の誠の心であるか。誠であると思う時に、もう既に誠でなくなっている。本当の誠は誠と気のつかぬ時に誠になっているのである。誠と気がついては誠でなく、気がつかぬのが誠であるとすると、我等の日常生活に於て、儒者の所謂これを誠にするという工夫は、どういう点に向って工夫を集中すべきか、容易ならぬように思われる。

この誠の工夫と同じように、心識微細の流注というものを、一刀両断して、その源底を尽くすという事が容易ならぬ。禅宗の方では、白隠和尚が訓《おし》えるように、趙州の無字、または隻手音声《せきしゆおんじよう》というような公案を真向《まつこう》に振翳《ふりかざ》して、流注の一念を、最後の一念を、断ち切るというのであるが、普通の場合にはただそれだけ言われても、なるほどと呑め込まれない。

此処《ここ》には一大飛躍がいるのである。本当に微細な流注はこの飛躍に依りてのみ断ち切られるのである。飛躍という意味は、今迄の境涯と全くその趣を異にした境地へ進むのであるから、普通の足並みではいけない。身を躍らして飛込まなくてはならぬ。これが容易に出来ない事である。

西洋の諺に、人力の極みは神の狙う機会である、というのがある。人力の極まるというのは人間が、その全力を尽くして、叩いて叩きぬいても、開かれない所なのである。進退谷《きわ》まって最後に自分の全存在を挙げて、重々の鉄門扉へこれを投げかけると、それが、弥勒の楼閣のように、八字に豁開《かつかい》するのである。その豁開は自分の力ではないのである。全力を投げかけると言えば、自分の力のようにも感じられるが、その投げかけるという時には、もうすでにその全力を尽くしてしまったのである。此処《ここ》には別の力が働き出てこなくてはならぬ。それで飛躍というのである。

この飛躍があると、今迄の力がいかにも無益なものであったもののようにも感じられる。然《しか》しその実は無益の力が尽くされる事に依って、初めて新たなものが生れてくるのである。叩かなければ開かれぬのであるから、やはりどこまでも叩かなくてはならなかったのである。然し叩かれたその力で開かれたと考えては、飛躍はないのである。そこでは転回は見られない。心理的に見ても、論理的に見ても、この開かれた事実を、連続的な働の結果だとみるわけにはゆかぬ。

蓮の糸は細い極めて弱いものである。併しこの細い弱いものが、千鈞の力を有している。中々切ろうとしても切られぬ。帝釈天の力でも切れぬのである。この糸の力は大象を引きとめる女の一条の髪の毛よりもまだ強い。この一条に繋がれて飛躍が出来ぬ。無心の境涯になれぬ。無意識の世界に飛込まれぬ。本当の世界、「これを誠にした」世界が転回せぬ。

中古時代のキリスト教には、面白き例が時々見られる。一例をあげてみると、アントワネット・ブルニヨンという女の人がある。この人は、一時は新教徒からも加特力《カトリック》教徒からも、随分迫害をうけた。併し純真、篤信の婦人であった。この人の宗教生活の径路をみると、これを誠にするの工夫、最後の蓮の糸を切る工夫がよくうかがわれる。

まだ若い娘であった頃、この宗教心に富んだ女は、毎夜祈禱で過した。どうしたならば御心に叶う事が出来るかと、心の底から祈禱を神に捧げた。するとある夜こういうお告《つげ》をうけた。すべて地上のものを捨ててしまえ、此世のものに執着するな、自らに克《か》てという事であった。然し若い女にはこの意味は解らなかった。地上のものを捨てては一時も生きてゆかれぬ。世間の人々を愛するなと云うも無理である。それはまた人間の生活ではない。自らを捨てるという事もまた無理な事のように思われて、その意味が中々解らなかった。併し従順な少女は、何とかして神のみ心に叶いたいものだと思いつつ、どうしてこの神の命令に称《かな》う事が出来るかと、日夜に思い惑うた。何処《どこ》か尼寺へ行って、そこで修業でもしたならば神のみ心が明らかになる道もありはしまいかと思った。それで親に乞うて是非尼寺へ行きたいと言った。然し父は容易に許さなかった。尼寺へやるなら、死んだお前を墓所へ送ってやる方がましだと、親は言った。この意味が娘には一寸《ちよつと》解らなかった。その後尼寺や僧院の実情が解るようになり、初めて親の言葉の意味が解るようになったと言うことである。併し少女の一徹な心では、何とかして修業の道を開きたいと思い乍《なが》ら、或る日僧院の人に尋ねた。どんなつらい事でもするからお寺へ入れてくれないかと言ったが、僧院の人はそれは中々出来ないと言った。お寺を経営するには金がいる。金がなくては何人もお寺へは入れぬ。金さえ出来ればまたその道が開けると。これを聞いた少女の驚きは想像しても余りある事と思う。併し彼女の宗教心はこういう事で挫《くじ》かれはしなかった。そして自らこう決心した。自分の為すべき事、行くべき道がはっきりわからない以上は、祈りをやめない。人間との交渉を全く断ってしまうても構わないと、こう考えてまた祈りの生活を続けた。神のお告《つげ》は、依然としてすべてのものを捨てよ、自らをも捨てよという事であった。何処でそれがすてられるかと尋ねたら、神の命令は沙漠へ行けと言うのであった。

併し世間知らずの十八の娘では、どうして沙漠で暮せる事か、全く見当のつけようがなかった。然し彼女は神告をかしこむ余り、前途に対しては何らの見透しもつかず、ただ暗い雲が満ち満ちて居ると思われたが、その真中へ飛出す事に、兎に角決心した。

一方では親達は、この娘をフランスの裕福な商人へ嫁入らせようとして、それぞれ準備を整えていた。それを何かと口実を設けて、少女は一日のばしにしておいたが、遂にイースターの夜、ひそかに自分の髪を切り、かねて拵《こしら》えておいた世捨人の着物を着て、夜陰に乗じて家を出た。その時明日のパンを買う金と思って、一文だけ持って出たが、その時ふと「自分の信心が一文の上に繋がれているのか」と、気がつくと、慚愧に堪えないで、その一文を捨ててしまった。そしてこう叫んだ。「主よ、私の信仰は一文銭の上には無いのです。ただあなたの上にのみあります」と。こう叫んでからは、まことにさっぱりした気分になった。世間の事、地上の事に対しては、も早一点の執著をも持たなくなった。この赤裸々の境涯に還った時の喜びは、今迄の如何なる世間の喜びにもまして、心ゆくばかりのものであった。

彼女の本当の宗教的生涯は、こういう風にして始まったのである。

一文の金は何でもないようであるが、これが阿修羅王の隠れた蓮の糸の中である。その糸は細いが、その糸からは、八万四千の魔軍が躍り出る。これを一刀両断しなくてはならぬ。これは単なる勇気で切れない。「これを誠にする」という、この誠が徹底して、誠そのものにも心がなくなった時に、自らこの糸の切れて居るのを見出すのである。

空也上人は「捨てよ」と云われる。最後の一を捨てるの意味だ。この一をすてる時、一切が捨てられる。「一断一切断」である。これを飛躍とも、躍進とも、驀直《まくじき》に去れとも云うのである。それからあとは他力である。飛び込むその力で浮き上がると云うが、実際のところは、この両者の間に絶対的否定の媒介があると見なくてはならぬのである。

宗教と社会

「宗教と社会」についてお話することになっておりますが、題が決まっておっても、必ずしもしゃべることが題通りになるというわけに行かない。ただこの題をめぐって、お話するということにいたします。

近頃の社会は、日本だけじゃなく、西洋も、また東洋の諸国も、悉《ことごと》く宗教と大分かけ離れた生活をしている。近代生活には宗教は全く無いと云ってもいいかも知れんと思う位に、私は考えております。そこで、何故現代生活には宗教が無いか、或いは現代生活と宗教とは縁が遠くなっているかと云うと、現代社会というものは科学にとらわれている、技術にとらわれている、経済とか政治とか生産とか消費とか、そういうことばかりにとらわれている。そういうものにとらわれている限りは、そこには宗教は無い。

他の面から見ると、宗教というものはどういうことをやっておっても、今日のような経済状態・思想状態でも、また古代のような極めて淳朴な素直な生れたままのそういう状態でも、宗教はあるものなのです。どこへ行っても宗教からは離れられないが、現代のように、人の心が或る方面にのみ向っていると、宗教のあることを忘れてしまう。宗教が無いのじゃない、現代人は宗教を忘れている。

併《しか》しまた或る方面から見ると、即ち私などの方面から見ると、忘れていようがいなかろうが、宗教はいつもそこにある。忘れたら忘れたままにそこにある、自覚していれば勿論生き生きとして出て来るに決まっている。そういうふうに、宗教からは逃れられない。ちょうど魚が水から離れられず、鳥が空中から離れられぬと同じような塩梅《あんばい》に、宗教から人間は離れることの出来ないものだ。ところが現代の人は宗教から離れている。宗教は要らぬものだ、宗教は吾々の生活に邪魔をなすものだと云う。それも私に云わせれば、宗教は要らぬものだとか、邪魔になるものだとか、捨てた方がいいんだとか、宗教には反対の声をあげていいものだとかいうようなところに、やはり宗教はある。人は自分の持っている頭を捨ててしまいたいと思っておっても、頭を捨てるわけにはいかず、口がしゃべっているのではなく、その頭が云わせているのと同じように、宗教はいつでもそこにある。

昔、大いなる哲学者が、哲学は要らぬと世間の人は云うが、その哲学は要らぬと云っている人が、もう既に哲学をしているんだと云っている。

それからまた、世間でよく懐疑論者というものがあって、何でもかでも疑う。併し、何でもかでも疑うという時には、何か疑うことの出来ないものを裏に持っていないと、そういうことが云われぬ。それと同様に、宗教が要るとか要らぬとか、宗教が阿片だとか云う時も、そこにその人は宗教を持っているということになる。

現代の生活には宗教が無いと云っても、やはり宗教がそこにあるわけなのであります。それで、ある、なしというけじめをつけて話した方が便利なので、しばらく、そういうふうに分けて申しますと、何故現代生活に宗教が無いかと云うと、現代の人は科学でいいと思っているからである、技術でいいと思っているからである。吾々は衣食住さえ足りれば、それでいい、生産面において十分な働きがあれば、それでいい、経済の秩序が立って、兎に角吾々が、お腹が空かずに、寒いことなしに暮して行ければ、それでいいんだ、それで満足しているものだと考えているからである。そこに大きな欠陥がある。

現代の生活を、そういう所謂《いわゆ》る物質的な方面に満足して――なるほど今日の人々はお腹が空いて働いているのだから――、しばらく宗教を預けておくのもいいかも知れないが、併し宗教というものは、そう預けて置けんので困るのです。それはどういうわけかと云うと、宗教の世界というものは、個人の世界であって、個人というものが認められないところには宗教はない、個人の絶対価値が自覚せられないところには宗教はない。それで個人というものを否定する社会というようなことになって来れば、その社会にはもう宗教は無いと云っていい。それなら個人だけのところが可能かと云うと、個人だけのところは意味をなさない、どうしても人間は社会的生活をやらなければならん。その限りにおいて個人は限られるのですが、限られるに拘わらず、それを通して絶対性の個人存在が認められる。その認められるところに宗教というものがあるのだから、個人が社会生活をしている面だけを見ていると、どうしても宗教はそれだけ影を潜めるということになる。だから人間が社会にとらえられたとすれば、或いは自然の環境にとらえられたとしたら、もうそこに宗教は無くなってしまったと云っていいわけです。

なるほど個人というものは、社会を離れて生きて行くわけには行かぬ、それから自然の環境を離れて行くことも出来ないが、個人というものの絶対存在・絶対価値が認められないところでは宗教は無いのです。人間は自然の環境の中に居て、また自然の中で人間的に構成せられた社会の中に居なければならぬように出来ているので、それだけ個人でなくなるのです。それ故、その自然を認識し、社会を認識して行く限り、個人を中心とする宗教は無くなるわけです。それは変に聞えますけれども、そういう自分に対しているものがあると認識して、その意識に囚えられると、本当の宗教は、そこに無くなるわけです。個人の絶対存在を認めて、即ちどういう環境であってもその環境に囚えられないで、自由自在に独立独歩して、個人を働かせると云う宗教は、そこに無くなるわけです。

環境……自然でも、人間的でも……、それに囚えられないで、個人存在というものを認めなくてはならぬのです。普通ではそれが認められないと云っていい。認められないのであるが、それをどうしても認めなければならぬ。それを認めた時に始めて、今まで認めていなかったところの自然の環境も人為的な社会的環境も、本物の姿で自分に向って現われて来る。今までのように、自然の環境を自覚し、人為的な社会環境を自覚していると、道徳はあるかも知れぬけれども、宗教はそこには見られない。宗教はそういうものを忘れてしまう……忘れてしまうということは、自己と感じているところのものも忘れてしまわなければならぬ。それを忘れるところに始めて自己の絶対存在に徹底する。その時、宇宙の大秘密の蔵をあばいたということになる。即ち自己に徹するということは、万物に徹するということであるし、万物に徹するということは、やがてまた自己に徹するということになるわけなのです。それで、最も内に潜んでいるものは最も外に拡がっているものである、最も拡がっているものは最も隠れ沈んでいるものである、これはどちらから云ってもいいわけであります。ところが多くの場合に、自己の底に沈んでいるものにさえ徹せず、外に拡がって行くところの極まりをも極めることが出来なくて、半端な考えに止まっている。詳しく話しすると面倒になりますから、この位にしておいて、兎に角宗教というものは、自己に徹底するところにある。自分の内に向けて進まなければならぬ。そうすると、自己の絶対的価値、自己の絶対的存在というものをそこに認めることが出来る。併しながら、普通に吾々が自己と感じているところのものは、絶対的な自己でなくして、自然的環境・社会的環境に関係を持つところの自己なのです。自己が、どうしてもそういうものを離れることが出来ぬとすると、絶対的自己は自らを限っていると云わなければならぬ。自らを限っているということは、自己が相関的存在であるということになる。自分が絶対的存在をしていない限りは、自己を自覚せぬと云っていいかも知れず、絶対的存在の自己を自覚するということは、やがてまた相関的、実存的自己を自覚するということになる。そうすると、絶対の自己というものが、本当の姿で実存的自己・相関的自己に現われて来るし、相関的、実存的自己という面に、本当の絶対の自己がうつって来るということになって、ここで始めて人間というものの本当の働きがわかって来る、こう私は思うのです。それであるから、自己というものには、絶対面と、相関面——つまり関係面——と二つある、即ち絶対面と相対面とがある。自己の絶対面というものは、これは自己だけによって規制せられるものであって、他人の窺うことの出来ないものである。吾々にはそういう方面の生活がある。これに反して、相対面の自己というものは、吾と人と共に頒《わ》け持っているところのものである。これが社会である。社会は自己の相対面の生活であって、絶対面の生活ではないのです。それで社会ということを云うと、本当の絶対面の自己は裏へ隠れてしまうと云っていいわけなのです。その故に、社会というものには自己の相対面が写っている。それをもう一度云い換えると、吾と人とお互いに頒けあうことの出来る生活ということになる。だから社会というものは、絶対的自己の生きている所ではなくして、相対的自己――他人と吾とお互いに頒けあうことの出来る面――をさすものであって、そこに始めて経済があり、政治があるということになる。それで、政治の要諦と云い、経済の動向と云うところのものは、如何《いか》なる原理であるかと云うと、最大多数の最大幸福というような、如何にも数学的なものになる。これは一般性を持った公式で割ることとの出来る、人間の生活である。その面だけが見られていると、先の絶対面がなくなってしまう。現代の生活というものは、公式で割ることとの出来る面だけを主張しているために、宗教が無いのです。それで人生が尽きたものと考えているから、本当の自己に徹底することが出来ないと、私は見るのです。

それから、所謂《いわゆ》る絶対の面から見ると、社会的生活というものは自己を殺すということになるものです。それでまたその自己を殺すということを厭がって、自己の本当の真実性に生きようとして一方に傾いた人は、山へ入ってしまうということになる。それで宗教の或る一面には、禁慾主義ということが強調せられた。これはどの宗教にも現われている。近頃、大戦後のドイツに禁慾を主義とする学生の一団があるということを新聞で見ましたが、それも、自己というものを固く立てて行こうという心持の現われと云ってもよかろうし、或いは集団的生活は本当の絶対的自己の存在を破壊するものであることを、現に見せつけられたということから、それに失望したものだと云ってもよい。今時の色々な現象は、団体的生活、強制的な社会生活で統制を加えられる、それは自己の絶望であるということが出来るのだから、その結果失望して、そしてそういう禁慾的な団体を作るということになる、それもあると思う。また、それと反対に自暴自棄になるということもあり得る。日本人の或る面においては、その自暴自棄が現われて来ているかも知れないと思う。これは、吾と人と頒けあうことの出来る面に向って、人間的生活が統制せられて、その統制が破れたところから、こういう現象が出て来ると見てもよい。一方は自暴自棄になり、一方は隠遁的になり、禁慾的になり、世間を離れてしまうという傾きが出る。どちらにしても、絶対の自己存在というものに対しての憧れが、自暴自棄のところには病的に歪曲せられて出たのであるし、隠遁的というのは、或る意味では自暴自棄の生活よりも、頗《すこぶ》る健康な面があると云わなければならぬ。そういうように、一方は堕落し、一方は云わば縮みあがって固くなったと云ってもいい。これは何《いず》れも、自と他とが一般化する、公式化して行く、技術化して行く、科学化して行く、統制が行われて行くという面に反抗して出たものと云ってよい。そういうところに個人的存在があるのです。そういう面がどうしても出て来る。ですから、近頃盛んに云われる生産とか消費とか、即ち吾と人と頒けあって行けるところの面、公式化して行けるところの面に向ってのことは、吾々の宗教的生活面に対しては全く交渉の無いものと云っていい。宗教的面は、所謂る天上天下唯我独尊で、人が一人居る時に既に有《も》ち得るものである。社会面は、吾と人と共に行くところの面で、例えば、食べるということになれば吾も人も食べる、著物を著るということになれば皆著なければならぬ。吾と人と頒けあって行ける生活……、それだけでよいかと云うと、その外に、美の世界もある、真の世界もある、また宗教的な面の世界もあると云わなければならぬ。著物なら同じ制服を著てそれでよいかと云うと、そこに個人的趣味が入る。個人的趣味はどこから出て来るかと云うと、絶対的存在価値というものの相対的生活面に現われた一つの現象である。個人性は、如何にも他と吾と分たなければならぬものが儼然《げんぜん》としてある。宗教は自己が自己でなければならぬ面に向って極度に歩を進めて、ぎりぎりの処《ところ》まで来て、そこから飛び超えた処にある。ただ飛び超えただけではない、飛び超えたなら直ちに飛びもどると云うか、一つの新たな境地が拓けて来るわけなのです。それを観ない限りその社会生活というものは、悉《ことごと》くそれは嘘である。親鸞聖人の云われるところでは、それは虚仮《こけ》である。個人の絶対的価値を認めるところが即ち真実である。よく禅宗の人が、四方の壁が皆落ちてしまって、そうして上の方に大空もなければ、足の下に踏まえているところの地球も何も無い、四方がらりとしたところに一真実のみがあるということを申しますが、それが本当の宗教生活を現わしている。

社会を無視するわけに行くまいけれども、どうもそこまで来ぬと本物にならない。ただ社会にのみ止まっている限りは、自分というものもわからなければ、従って社会というものもわからぬということになる。今日のこの経済生活、政治生活は、ただ統制出来る面、即ち一般化することの出来る面、公式化することの出来る面に向ってのみ動いているものであって、またそこに動くのが政治であり経済であると思います。そういうものの外に、そういうものを通して出て来る宗教的生活がある。それに気付かないと、宗教は要るものであるとか、要らぬものであるとか、宗教は阿片だとか、すべて抹殺していいものであるとかいうような、宗教に対して何かわからぬ一種の反抗心を持ったり、一種の侮蔑をしたり、また無関心の態度をとったりする。

そういう人々を、近眼の人であり、或いは更に盲目の人であると云うていいのではないか、そういう人こそ、或る一種の阿片に昏睡してしまって、何もかもわからぬ人間であると、私は云うて憚《はばか》らんのです。それなら宗教面を一般の常識のところから見て、そこにどういう具合にして差がつけられるかと云うと……、今、物を生産するということになると、何か自然のものを破壊して来なければならぬ。ここに一本の木がある。この木を伐り出して持って来ないと、人間に使われる材木にならない。材木になってから、色々加工して、柱にするとか閾《しきい》にするとか、または機械の一部を作るとかいうことになる。礦物の場合では地面の中から掘り出すとか、その他のものは空気の中からとって来る、或いは海の中から色々なものを分析して持って来るというようなことになる。そうして人間の役に立って、吾々がこういう家に住むことが出来、食物を食べることが出来るのだが、人間の生活が、それに尽きたかと云うと、どうしても尽きない。それはどういうことかと云うと、人間が木を伐るということでも、一本の木を伐って、それを人間の公式的な生活に役に立たせて、それで済んだかと云うと、そうではなくして、この木に対して木を伐っていいのか悪いのかという疑いが出て来る。普通にそういうことは無いと云うが、或る人にとっては、こういう木が五十年、百年と年数を経て、これだけの大きさになることが出来たという生命の発展に対しての尊敬の念を持たずにいられない。それを感じないと云うなら、それは人間でないと私は云いたい。一本の草にしても、庭をきれいにしようと思って色々な雑草もとるが、或いは雑草を生えたままにしておく人も居る。生えたままにしておく人も、つみ取る人も、一種の哲学観をもってそれに対している。雑草をとるには、とるだけの理由をそこにつける。或る坊さんが、一本の草をとるにも、南無阿弥陀仏、南無阿弥陀仏と云ってとられたということもある。草をとることは何でもないように感ぜられるが、草の方から見れば、発達すべき生命を持ってこの地上に自分の身を託した、その生命に対して、勝手に採り得る権利がどこに人間にあるかと、こういうことになる。ここに虎が出て来て人間を喰べてしまうということになると、外の人間共が寄ってたかって虎狩りをするが、虎の目から見ると、わしはお腹が空いたんだ、そこへ人間が来たんだから喰ってしまった、何も君達から不平を云われる理窟はない、そんなに不平を云うならお前も喰ってしまうぞと云うでしょう。それで人間は怒って虎を殺してしまうが、殺す方の人間も虎に対して南無阿弥陀仏と云いたくなる。そういう心がどこにあるか、そういう心は要らぬものだ、そういう心を持っておったら何も出来ないと云うが、その心持を起こすことをやめることが出来ない。そこに人間があると思う。

それでまあ愈々《いよいよ》人間が物を拵《こしら》えた。ここに一枚の紙が出来、ここに一本の鉛筆が出来、家が建ち、汽車が通ったということになる。近頃はこういう考えが殆んどなくなったと云ってもいいと思われるのは、「勿体ない」という感じですが……、昔の人は粒粒辛苦して、一粒の米も容易に無駄にしなかった。農家では、御飯をこぼしたり、器の底に残った御飯を捨てたりすると、非常に怒ったものです。近来は、百姓は米を作るものだ、わしらは喰べるんだ、そんなものは捨ててしまえ、わしらは機械を百姓に供給してやるんだ、百姓は吾々に食べ物をくれなければいかぬ……、こうなるとそれが当り前になってしまう。百姓も、日本では手でやり、アメリカでは機械でやるということになって大分違って来るが、機械は畢竟《ひつきよう》手の延長であるから何も変らぬ。それで昔の人は、一枚の紙でもいただいて使う。無闇に使わないというようなことは、その紙を造り出したところの人間に対しての感謝の情であって、まことに有難いのである。無闇に使うということは、如何にも冥加《みようが》が尽きる、勿体ないといただいて使う。これが機械の世界になって来たから、人間の実際の肉体力がそれに加わらぬから、機械を介入するため、直接な人間的交渉が無いような感じがして、有難いということの面が薄らいで来た。つまり物が抽象化せられた、科学化せられた、技術化せられた。技術化せられたということは一般化すること、科学化せられたということは概念化すること、抽象化するということは生きたものが仲介物を置いてお互いの交渉が行われるということである。そうなると人間味がなくなって有難味ということが出て来ない。人と吾と領けあうことの出来る面においてのみ接触するというと、人間が有難くなくなってしまう。それで製作したもの――製品――に対して、自分のために尽くしてくれたんだというところが無くなってしまう。人間が段段抽象化して一般化するというと、作られてここにあるこの物は、自分と人と領けあうことの出来ない絶対存在者としての自分のために、これが作られたんだということの感じが無くなってしまう。ただそれが概念化してしまって、概念的の自己というもののために出来た……ということになるから、こういう物に対しての、個人的な、宗教的な、他と領けあうことの出来ない、自分だけで感覚しなければならぬ有難味というものが出て来ない。何でもかでも機械で沢山出て来るが、そこに何の人格があるか、機械を造った人の人格は勿論のこと、作られた品物はどれもこれも同じではないか、そこに個性を有《も》ったものはない。超個と云うか、非個人的なものが自分に使われると云うけれども、自分なるものもやはり抽象化せられたところの自己がそれを使っていると云う。それを云い直すと、幽霊の世界に居ると云ってもよい。この台にしても（演壇の卓を撫でつつ）、これは製造せられたものである、抽象的機械から出て来たものであるので、使う自分もやはり、抽象化せられた、一般化せられた、あなたとわしとお互いに頒けあうことの出来る自分であるとすれば、やはり抽象化したものである。論理で抽象化するというと、何だか如何にもとりとめもないものになって来たが、吾々の今日の生活というものは、抽象化した、論理化した、概念化した、科学化した、組織化した、強制的に押しこめられたところの人間なのです。ちょうど軍隊で、個人というものは認められないで一つの単位になると同じことで、吾々は社会という組織・団体の単位になってしまう。そうすると、紅をつけていようが、わしのように歯が無かろうが同じで、皆幽霊です。それに気がつかないで、その幽霊を本物だと思って生きているから、近頃の世界は爆弾で皆一吹きに吹きとばしてしまえ……というふうに云いたくなる。そんな世界にいつまで生きて行けるか……或る人にとっては、何もかも抽象化し、規格化し、数字化したところの世界であるのだから、殺風景で、よく生きて行けると思われるようなことになる。

近頃の基礎物理学などの世界から見ると、何もかも数字で現わされている。物に触ってみて固いとか、叩いて音が出るとかいう世界ではなくして、すべて電波であるとか、何とかということになると、その測量は皆数字でやる。そうすると、過去にはすべては具体的のように思われていたものが、皆数字で勘定せられる、一種の波動になってしまうということになって、今までの具体的な感覚の世界がなくなってしまう。昔、元素というものが発見せられた時に、吾々人間というものはいくつかの元素で出来上がっている、牛や馬もそれだけの元素から出来上がっている、だから牛や馬も人間も同じものだというようなことを云って、それが科学者の説明だと云う人もあったのです。ところが段段今時はそういう考えが弱くなって来て、人間の肉体を作っているところの一つ一つの細胞が、また何か個人性を有っている。はっきりわからぬけれども個性があると思われる。甲という個人と乙という個人の身体を作り上げている細胞が、必ずしも一つでない。科学的に同じ反応を見るかも知れないけれども、まだもっと科学が進んだら、そこに見ることの出来ない違いが出て来るであろうという点へ進んで来ている。それで、誰も彼も頒けあうことの出来る面では、これを抽象的なもので片付けることが出来る。科学というものは、すべてを抽象的に処理して取り扱いやすいようにする。個人個人の特殊性と云うものがあれば、科学は成り立たぬ。

現実の生産過程は全く科学的になって、抽象化してしまっている。それであるから、それから出て来るところのものを取り扱う人間も、やはり科学化し、抽象化してしまって、本当の個人というものじゃなくなってしまう。近頃は、段段いくらかずつは個人性が重んぜられて来るような傾きが出て来て、民主主義運動というようなことも、その反映であるとも思われるが、民主主義運動なるものも、畢竟、それが社会的運動に止まる限りは、宗教性を有った、絶対的個人価値というものを反映している生活ではない。この生活は、政治・経済のわなにかからない、そういうものでは手のつけることとの出来ないものである。そういうところに宗教があるということを見て欲しいと思います。これがないと、どうしても宗教がわからなくなる。わからねばわからぬでよいと云うが、わからぬでいいと云って済まして置けぬ、それで困るのです。済まして置けぬということは、今のような塩梅にして行けば、すべてが破壊せられる外ない。破壊せられても、或る点から見ればまた出て来るにきまっているが、すべての世界は成住壊空ということを印度《インド》の哲学では云うように、まあしばらくこうしていてまた壊れて行く、壊れて行くのだが、本当に壊れたのではなくして、次のものを拵《こしら》えて行く分解作用に過ぎない……と云うわけだが、分解作用というものは単に一つの時期を作って行くもので、それを達観していればどうでもいいようなものだけれども、出来るならばそういうものを達観して、そうしてそれにも拘わらず儼然として、何もかも触れることの出来ない一真実というものである方が、人間に生れた甲斐があると思うのです。人間でなければ宗教は無いものなのです。動物に無く、神々には宗教は無い、人間だけに宗教があるのだから、出来るならそういうことを自覚して欲しいと思います。世間の人は生産生産と云うけれども、生産というものは外面的に出て行くだけのもので、本当の創造力と云うか、クリエーションというものではない。プロダクションはあるかも知れないけれども、クリエーションはそこには無い。ところが本当の個人的存在性に目覚めて行く人は、人人向き向きに十分クリエートして行く。ところが外面的な存在だけしか求めない人は、プロダクトすることは出来てもクリエートすることは出来ない。プロダクションのあるところには、人間がお互いに頒けあう生活の相対面が現われるけれども、それは本当の生きた人間ではない。人間はクリエーションの世界に入らなければならぬ。クリエーションの世界は宗教の世界であり、芸術の世界である。芸術世界は、或る限られた内に現われるが、宗教は生活の全面に行き亘って動いているものである。物を作ることも創造であるし、考えることも創造であるから、クリエーションという言葉を使って申したわけであります。

もっと申しますと色々なこともありますが、このたびはこの位にしておきます。

宗教の生活

行と神秘力

昔から修験道に於ては、山伏というものは、いろいろな難行苦行をやる。山の上に登るとか、嶮しい山路を通るとか、そういうようなことをするが、京都では鞍馬の山があって、あそこでは天狗さんが出たなどと云い、昔、牛若丸が天狗さんに剣術を教わったという所が、その鞍馬山の奥にある。山というものは、何だか一種神秘な気分を与えるもので、その牛若丸が剣術を稽古したという、その少し横の方に垣をして行けない所がある。その垣の下を潜って行くと、ここは人を入れない所だというが、そこでは夜になると何か大きな音がするという。丁度《ちょうど》、畳一畳くらいの草鞋《わらじ》を穿いてバサリバサリと笹原の上を歩くような音がするという。これは天狗さんが出て来るんだ、というようなことを云うが、もう少し奥へ行くと池がある。山の池というものは、また何んだか妙な感じを起させ、池のふちへ行くと、その中へ這入りたくて仕様がないような気持がするのは、池の中に大蛇が居るか龍が居るか知らんが、それが人間を吸い寄せるからだ、というようなことを申します。これは日本ではないが、ドイツへ行くとライン河がある。私は狭い河だと思ったらなかなか広い河ですが、その広い河に汽船が通ったりして居ります。或る部分では河岸に葡萄園がありまして、葡萄が沢山作ってある。あそこの葡萄の作り方は、日本で豆の蔓を竹に匍《は》わせるように、背より少し高いくらいの竹を立てて、それに葡萄が匍わしてあるので、私は近眼ですから、それをこちらから見て、豆が沢山植えてあると思いましたが、側へ行ってみると、みんな葡萄畑でした。これは葡萄を採るのに余り手を高く伸ばさなくてもいいから楽です。アメリカでも葡萄は高くしないで横に匍わしてある。アメリカの南へ行った人は御存知でしょうが、乾葡萄をそこで売って居るが、葡萄を採ってお盆の上に載せて、それを日に乾すと一日か二日で乾いて了《しま》う。話が外《そ》れましたが、そのライン河の所に有名な「ロオレライ」という歌があります。そこの深い淵の水の中に人魚というか、天女というか、そういうようなものが居って、それが歌をうたって人を引寄せるので、どうもその淵の中へ這入りたくて仕様がないというような、そういうライン河の伝説がある。あのハイネの詩の「ロオレライ」は御存知でしょうが、日本にもそういう所がどこかにあるだろうと思います。江の島へ行くと稚児淵というのがあり、そこへ稚児が飛込んだとか申しますが、或いはその海を見て居ると、どうしても這入らなくては気が済まぬので、這入ったかも知れん。本当に稚児が飛込んだか知れんが、併《しか》し、稚児がその場所を選んだのは、そこに一種の海の水の有《も》って居る魅力があった、と云うてよかろうと思う。以前はよく大島の三原山の噴火口へ飛込んだが、あそこにもやはり人を魅惑する所がある。一遍誰か這入ると、次から次からそこへ這入るというふうで、これは単に人の真似をしたというだけでなくて、そこに一種ひきつけるものがある。深い底が知れんという所に、何か人をひきつけるものがあるとみえる。深いのでなく、高い所へ上がっても、例えばビルディングの何階の上から飛んで降りたというようなこともよくある。自殺するということもあるでしょうが、あれは一種何か地面へひきつけられる……引力でひきつけられるのでなく、高さで、深さでひきつけられるという、ひとつの神経作用があるか知れん。吾々でも高い所へ上がると、何だか飛んでみたいような気がして仕様がない。ひきつけられる。殊にそういうものが水に対してある。それは海の深い底の知れんという所に、何かの魅力があるのでないかと思う。それを山の修行の方でいうと、吾々に何だかわからぬ摩訶不可思議なものがある。やはりわからぬ魅力がある。山伏が廻峰行というか、山山を廻って歩くと、夜中になると畳一畳ぐらいの草鞋を穿いて笹原の上をバサリバサリと歩くような音がするとか、水の底の知れないような池、そういうような所を廻って歩くと、一種の心の鍛錬というか、或いは体の鍛錬も同時に出来るんだが、兎に角、そういうことを山伏がやって居る。ずっと吉野山の方から高野山へ出る所に、あそこらに嶮しい所があるんですが、そういう所を廻る。今日の若い者は山登りをして、「山を征服する」などと云う。「日本アルプスを征服した」などと云う。私は今日鎌倉から来ましたが、鎌倉の方では、「鎌倉アルプスをハイクする」とか云うて居るが、そういうふうに山を歩くのを「征服」などと云うのは、自然に対する冒瀆というか、自然を瀆《けが》す考えで歩いて居る。昔から修行者というものはそうではなくて、山は一種の霊気を有って居るから、不思議な魅力を有って居るから、それに打たれるということが一つと、それに伴うて、山登りにはいろいろな艱難辛苦というものがある。単に艱難辛苦というより、命を賭してやらなければならぬという場合がある。そういうようないろいろな修行をさせる、それが山伏修験道の一つの生活の或る方面です。山岳崇拝とかいうようなことをいうが、富士山へ登って噴火口の周囲を廻る時に、「六根清浄」を唱えて歩くというようなことは、そこに吾々の心身を鍛錬する。こういうことは今迄浅い生活をして、単に眼でちょっと美しい花が見えたとか、耳にきれいな音が聴えたとか、そういうような感覚だけの世界でなくして、そういう嶮しい、実に危ない所、ちょっと辷《すべ》ったら自分の体が粉微塵になるというような所を歩くと、単なる感覚の世界以上に、何かの世界へ這入り込んで来る。感覚の世界以上というか、それよりも深い一つの心理に這入って来る。それをやらすのが一つの目的だろうと思う。

ところが、ああいう修験道などでは、まだ十分に本当の宗教的生活へ這入ることが出来ぬ。というのはどうかというと、それは普通の感覚の世界よりは深いが、もう一つそこを踏越えた世界へ這入らぬと、本当の宗教にはならない。茲《ここ》に難行苦行の意味ということが考えられる。難行苦行で心身が鍛錬されるとしても、併《しか》し、難行苦行だけではまだ感覚の世界を十分には出られません。で、禊《みそぎ》とか祓《はらい》とかああいうようなことも一つの行として、また結構であります。丁度、山伏が山岳を駈けめぐるというようなことと、よく似たような点もある。それはどういう意味であるかというと、兎に角、感覚の世界という、この浅い生活から一つ出てみたいというところの一つの望みがある。禊とか祓……祓ということには別の意味がありますが、禊の方は、山伏が山を歩くというふうな、一つの難行ということにとってもよかろうと思う。元はそうであったでしょう。そういう点は、一つの感覚の世界より、もう一つ何か不思議な世界へ這入りたいというのであるが、そこにはまだ宗教は無い。印度《インド》に行きますと、印度という国は極端から極端な国だと申しますが、一方には熱帯の感覚上激しい刺戟を受けるのであるから、すべてのものの色彩というものが強烈です。印度の熱帯地方へ行って見ると、いろいろなものが刺戟に富んで居る。ああいうものでないというと、吾々が日本へ来て感ずるような感じが出ないでしょうが、すべて感覚的の刺戟が強烈である。それからやはり、難行苦行の形式というものも極めて峻烈なものであります。これは釈尊の昔からずっとあったので、今日でも非常な苦行をやります。例えば、お釈迦様が坐禅をして居られたら、膝の所へ足が突き通って出たというようなことをよく云うが、そういうことも出来得るような塩梅《あんばい》に、印度の人は針の筵《むしろ》の上に坐禅をして居ったり、一生涯手を挙げたきりにして居るとか、足に鉄の鎖を附けて引っ張って居るとか、顎に長い針のようなものを突き通して居るとか、到底人間として出来得べからざるようなことをやって、それを見世物にするというわけではないが、そういう難行苦行をやって居るのがある。それらは余程病的になって居るので、そういう所には宗教も何も無いわけです。で、釈尊も苦行を六年やられた結果、苦行はただ体が痩せるだけで何にもならぬというので、今度は牛乳を搾る女のすすめた牛乳を飲んで、そうして、気力を回復して坐禅によって本当の悟《さとり》を開かれたというのであります。苦行ということは何の役にも立たぬ……役に立たぬと云うては悪いが、それは最後のものではない。そこをもう一つ突き抜けなくてはならぬが、それの一つの段階として見るには差支えなかろう。それは段階であって、決して到達点そのものではない。一つの機縁、因縁、一つの道行きに過ぎない。宗教はそこには無い。『歎異鈔』に、信ということは無碍《むげ》の道である、こういう意味の言葉が記されて居りますが、無碍でなくてはならぬ。苦行の苦しみの生活は無碍でない。苦しみということを見て居る、苦しみということを超えるというようなことになっていて、苦しみというものを苦しみと見ると、苦しみというものの一つの意味を見て行く、その見て行くものが摑まれなくてはならない。そのものを摑むというと、苦しみも苦しみでなく、楽しみも楽しみでない。苦しむ時には苦しみ、楽しむ時には楽しむ、というような具合になるんです。こういうことは余程大切であると思う。それから艱難ということも大切、病気ということも無ければいいが、あっても更に面倒でなし、そいつを機会に宗教の道に這入るということをしなくてはならぬ。

徳としての力

これは、個人の生活の上でありますが、これを団体の生活とか、集団的生活の上から見ると、単なる表面的生活をして居る人は、そう他を動かさない。浅い、そういう人は形の上によって他を動かそうとする。集団的生活の上に於て感覚的生活をやって居る人、或いはいまの修験道的、難行苦行的生活をして居る人、それからもう一つ下へ進むことの出来ない人は、集団を動かすのに形式で動かそうとする。シナでは礼儀三千威儀八百などと云い、いろいろな礼法や規則を拵《こしら》えて、あっち向いてはいかぬ、こっち見なければならぬ、これ見てはならぬ、あれ見て居らなくてはならぬ、というふうに人々を規制するということをやって行く。これは団体的生活をするには、そういう儀礼というか、そういう形式というか、そういう規則というか法律というか法則というか、そうしたことがあっていいわけですが、併《しか》し乍《なが》ら、そういう人は本当の統治の地位に立つことは出来ない。そういう人はただ規則によって動き、形式によって動く人で、これは或る方面の団体的生活、集団的生活にはいいかも知れんが、やはり徳というものがなくてはならぬ。宗教ということがなくてはならぬ。宗教ということが無かったら、人は動かない。動いても本当に徳に服して行かない。これは殊に、東洋生活の妙所というのは徳である。徳というのは規律によらないで、単なる風習とか、慣習とか、形式とか、礼式とかいうことを云わずに、そこに無言の裡《うち》に、その人から自然に出て来るところの力というものにうたれて、その人に服する。その人が命令を出さんでも、その人の云う通りということでないが、その人の徳に随《したが》ってついて行くということになる。それにはどうしても宗教的なものを有《も》っていないと行われない。で、親鸞聖人の場合でも、また、他の人の場合でも、徳を有って居る人は、その人を殺そうとしてかかっても、何となくその人の徳にうたれるというか、その人から出て来るところの一つの力にうたれて、自分を捨ててその人に帰依するというようなことが、昔の聖者の生活にある。シナの人のよく云うような尭舜の政治というものは、無為にして治まる、ああせいこうせい、ということはないが、自然に治まって居る。東洋には、こういうような気風が余計ある。所謂《いわゆる》手を袖にしていてよく治まって行く、それが最も妙な所で、宗教の極致もそこにあるが、併し、誰も彼もが、そういう宗教的素養を有ったものかというと、そうはいかないのであって、どうしても無為にして……というわけにいかない。だから、已《や》むを得ずいろいろな形式を用い、いろいろな法律規則を作って、それによって治めて行こうとするが、本当の所は徳を以て化する、殊に宗教的徳を以て化する所に、集団的生活の基礎がなくてはならぬ。万人が悉《ことごと》くそういう人を仰いで尊んで行く。仰いで尊んで行くということは、その尊ばれる人から自然にあらわれて来るということになるわけです。ところが、近頃のようなふうに国家の組織が段段に複雑になって来ると、昔の尭舜時代のような塩梅に、無為にして治まるというようなことは益々《ますます》出来なくなるので、これは已むを得ぬと思うが、宗教というものの徳を有って代表して居るものが、それはロボットでも何でも構わぬが、そういうものが集団生活の中にあれば、それは本当の人形ではなくて、そこから一つの力が冥冥の裡にあらわれて来る。それは直接の範囲だけで、人間の数が少なければそこから出る直接の光がその人に移るが、段段に人が余計になると組織が複雑になるから、中心になる人の徳が、直接の人からもう一つ間接に行けば行くほど、それが薄くなるということもあるし、また、直接にその光を感じた人からその人に移って来るから、移って来るだけに、その光というか、その力が幾らか歪められて来る、薄らいで来る。薄らがなければ歪み、歪まなければ薄らぐ、ということにならざるを得ぬ。そこでいろいろな規則、形式というものも出来なくてはならぬが、本当の宗教の徳から見れば、直接、間接を問わず悉くみな、直接的関係を有たなければならぬのが本当だと思う。いろいろ集団的生活の上に於ては、単なる宗教的生活ということにはいかぬ場合があるが、併し、直接の人格として直接に感ぜられる範囲内に於ては、宗教的生活の人は他の人をおのずから深く動かす。これは『論語』に、

「予言うこと無からんと欲す。(中略)天何をか言わんや。四時行われ百物生ず。天何をか言わんや。」

と孔子が云って居られるように、無為にして行われる。「不言にして実行」ということを申しますが、そういうものが出て来なくてはならぬ。そういうものは、宗教的力を有って居る人の力が強ければ強いほど、その人から出て来る徳というか、冥冥の力というか、無形の働きが益々強く

なる。これが単に形式の上、感覚の表面に動いて居ることだけとすると、その及ぶ所はいつも形式になって、人の心を深く動かすということが無い、こういうことになると思う。

で、集団的生活の上から見ても、何か吾々は単なる規則、単なる習慣風習でなく、それ以上に深いものが宗教的生活であるから、それが集団的生活の基礎になって動いて行かなくては駄目、集団的にそういう所に宗教の徳というものが働くので、宗教というものは、個人と世界全体の関係の上に於てあらわれるものなのである。

有限と無限

それなら、宗教――というものは一体何か。どこに宗教があるんだということになりますが、これを簡単に申しまするると、宗教では信仰と云うが、信仰と云うてもよし、知識、認識、知覚と云うてもいい。信仰も或る意味を有《も》たせると知覚、認識、みな同じことです。吾々は感覚を超えた所に、何か一つの知覚を有たぬといかぬので、そこに宗教が成立つ。その知覚とはどういう知覚か。第一、吾々は有限なものである。そうして、限り有るものというものは、限り無きものによってはじめて成立つ。それであるから限り有るものが限り無いものに、また、障碍《しょうげ》のある生活が無碍《むげ》の生活に這入るということによって、茲《ここ》に、宗教的生活の真面目が活躍して来るので、ここへ一つ出なくてはならぬ。感覚の世界とか、もう一つ感覚を超えた修験道の生活、難行苦行の生活というものの底に、もう一つ無限なものに接しなくてはならぬ。鞍馬山の池というのは深いというか、そう広い池ではないが、どこでもそうでしょうが、山の静かなシーンとした所に池があって、その池の底がわからぬというような、そういう池の畔《ほとり》に立つと、何だか一つの無限なものを感ずる。不思議なものを感ずる。そうして、そこへ飛込みたいということは、その池の中に何か居って、まあ龍宮の乙姫様が呼ぶというわけでもなかろうが、何かそこに引きつけられるということは、吾々の有限体が始終憧れて居るところの無限、その無限が池の水に象徴せられて、そうして、有限というものが無限と一つになろうというふうに、本来の宗教的な働きというものが、形の上に象徴せられて、その池の中へ飛込むということになりはしないかと思う。まあそういうふうに象徴的にその働きを見てもいいではないか。吾々に深い所、底の知れない所へ、飛込みたいという一つの心持が出て来るのは、もっと深い霊的生活が、無限が有限と一つになろうとして、無限が絶えず人間に呼びかけて居る、奥山の静かな池の底に居る何か一つのわからんものが呼びかけて居る、そういうふうに無限なるものが有限なものに対して呼びかけて居る、その呼びかけを聞くという所に、茲に、有限なものと無限なものとの一つの合体がある。そうすると今迄の表面的な、感覚的な、ただ難行苦行的な生活面にだけしか触れていなかった人格が、人間が、そういうものを超えて、しかも、そういうものを含んで居るところの広いものに、深いものにぶつかるという所に、一つ湧いて来るものがある。それを信仰とか、宗教的認識、或いは霊的知覚というふうに云うてよかろうと思う。さっきのライン河の水の中に居る怪物が歌をうとうて呼ぶというと、何か知らんがそこへ飛込みたくて仕様がないというようなのも、これも一種の不思議というものが呼びかけるんです。そういう不思議というものを、それを怪物と云うてもいいが、いま云う本当の霊的不思議とは、余程違いがあるものであるということを知っていなくてはならぬ。その無限が呼ぶ力、無限というのは単なる論理上の言葉でなく、無限は人格である。そうでなければ、有限と見られて居るこの人間という人格に呼びかけることは出来ないわけです。単なる有限と或いは業障《ごっしょう》というか、生死というか、因果というか、そういうような論理的な言葉というか、或いはそういう有限的な現象界、事象界、そういうような働きの無い、意味を有たないものではなくて、玆に、人間性というものが吾々にあるんだから、それに無限が呼びかけるんだから、その無限の呼びかけを聞くということは、無限が有って居る人格が、この有限の吾々人間という人格に相働きかける、こちらはその働きに応ずるという所に、宗教的生活というものが、はじめてそこから出て来るんだ、と、こう私は見て居ります。

無限と云うても、無限ということは単なる論理の言葉じゃないんです。それはいま云う人格と云うことでなければならぬ。そうでなければ、吾々に働きかけるということは無いわけです。そういう有限者、無限者と、「者」というものを附けた、そこの間に於けるところの交渉、その交渉はどうしても有限性の蓋を叩き破らんと無限の声は聞えない。それを叩き破る手段として、いろいろな難行苦行というようなものが、艱難辛苦というようなことが必要である。そうしないと吾々の心の底が動かない。

この世界というものは、吾々は苦しみの無いように、楽なようにしたい、経済の方面に於て殊に楽なことになりたい、と、こうお互いに思うんでありますが、近頃の社会の動きはすべてそこへ向って動いて居るんでないか、社会の各階級に於ける闘争、または国際間の闘争ということも、みな自分だけがよければよいというのでなく、他もよくしようという、そういう心の動きが苦悶のような形になったものだと思います。ところが、人々がみなよくなったら人間は駄目になるんじゃないかと思うことがあります。所謂《いわゆる》極楽へ往ったならば、極楽に居る人間は余程完成せられた人間だろうが、完成せられた人間というのは、或る意味からいうと、莫迦《ばか》になった人間と云うていいか知れん。何でも彼でも自由自在に物があったりしたら、生きて居るということをどうして感ずるか。極楽であるから、そこでは不思議なことが行われるか知れんが、今日の社会の眼から見ると、どうしてもそこに何か不自由が無いと、有難味が出て来ないように思われる。只貰った物よりも自分で辛苦して手に入れた物の方が大切でしょう。泥棒は金をやたらに使って了《しま》う。富籤《とみくじ》に当った金は、その時には気狂になる人もあるというが、こういう金も無くなり易《やす》い。それが熱心に苦労をして儲けた金は容易に無くしない。で、本当に苦労をして手に入れたものでないと、どうも有難味がわからぬように思われる。こっちに非常な煩悩というか、悩みというものが無いと、阿弥陀様が喚《よ》ばれるのを本当に聞くことが出来ない。煩悩が深ければ深いほど、阿弥陀様がそれを可哀想に思われるというのと同じこと、それだからと云うて、悪い事をしてもよいというのではない、それとはまた意味がたいへん違うのでありますが、そういうようなことがある。御馳走にしても同じことで、余り御馳走ばかり食べて居れば、御馳走が御馳走でなくなるから、人間としてはやはり何か時には困ったことがあるといいと思うことがある。そうすると、人間は茲に矛盾の面に動いて居るというよりほかないが、それは別なこととして、苦しまぬと、有って居る全力を出せない。うわつらばかりの生活になる。だから、苦しまなくてはならぬということになる。併《しか》し乍《なが》ら、その苦しみというものが、いま云うように霊的面に迄働かないといけない。だから、つまりこういうことになります。

人間の生命というものは、三層になって居ると云うてよろしい。一番の面が感覚面、その次が何と云うていいか、感覚の向うの面、難行苦行をやるという面、もう一つは霊の面で、一番上は感覚の面、中間面、下には霊の面、こういうふうに三つの面がある。或いは層があると云うていいと思う。感覚面に動いて居る人は表面の人、中間面に動いて居る人は幾らかいいが、本当の霊の生活に這入って居らぬ。ところが、今日の日本の多くの人は、なかなか感覚面に動いて居る人が多い。中間面に動いて居る人は幾らかある。併し、霊の面に動いて居る人は甚《はなは》だ少ない。甚だ少ないが、その人間をして、本当の偉い国民であると云わしむるには、どの面に動いて居る人があるのでそう云われるかというと、どうしてもこの霊の面に動いて居る人でないといけない。そこの国に霊の面に動いて居る人が沢山あればあるほど、そこの国の人の価値が高まるわけ、単に中間面に動いて居る人、または感覚面に動いて居る人が幾らあったとて、そこの国は偉いものとは決してならない。だから、一人でも本当に霊の面に動いて居る人があれば、その国は余程偉くなるわけです。そこが本当の集団生活の意味がある所だと思いますが、今日はこのくらいにして置きまして、またの機会に譲ります。

老人と宗教

老人と宗教とはよく結び付くものである。村寺へ行って見ると――特に真宗のお寺へ行くと――、聴聞の衆は大抵老男老女である。若い男女でもその席に列《つら》なると、何処《どこ》か居るべからざる所にまかり出たと云う気がする、これは素《もと》より外から見る人のはなしで、当人の心持は外から窺うべき限りでない。

禅宗でも説教とか云うものになれば老人も出るが、提唱では大抵若い者乃至《ないし》中年以下の者が多い。ほかの宗旨のことは余り知らぬが、聴衆だけの関係から見ると、真宗にはどこか老人向きのところがあり、禅宗には然《しか》らずと云うことになるのか知らん。併《しか》し大体に云うと、宗教と名のつくものは、老人向きのように考えらるるところがあるのだ。それは何故かと云うと、宗教は一般に保守的なもので、老人は云うまでもなく、生理的に生物学的に保守でなくてはならぬからである。

老人でしかも保守的にならぬようにするには、大分平生の工夫が必要だ。保守的になってはいけないと云うわけではないが、保守的即ち我執が強くなることは余り好ましからぬ。年とったと云うだけで、何もかも自分独りでわかったように心得ることは以《もっ》ての外である。単に年とったと云うだけでは、何の役にもたたぬ。少し学問があっても、それさえ時勢に後れて居ると云うことでは、若い者は始めから相手にしてくれぬ。これが宗教の保守性とくっつくと、手に合わぬことになる。世間にこの例がざらにある。

宗教の保守性とは、宗教は現状を肯定する傾向を多分に持って居ると云うことである。「これでよい」と云うのが総ての宗教の心持である。「これでよい」は進歩にも保守にも、現状維持にも現状破壊にも応用せらるる心理状態であるが、とかく「そのまま」主義に結び付く。この方が面倒でなくてよいからだ。善も悪もそのままにしておくと、そう考えなくともすむからである。「そのまま」主義は教権や伝承に重きを置く、内面的経験がどうの、知的要求がどうのと云い出すと、面倒が重なる。個人として勝手な熱を吐いて呉《く》れると、教団の組織に亀裂を生ずることとなる。団体には成るべく動揺を起さぬが保守の第一義であるから、異説の起らぬようにする。教権で推して行くのが安全この上《うえ》なしである。それ故、教団はいつも安全第一主義で押し通す。しかもその安全たるや、ただ一時のもので沢山なのである。兎も角、仕方なくなるまでそれで行く。

この「そのまま」主義は老人の最も喜ぶところである。第一に自分等の生存上それが第一である。意識してそう思うか否かは別問題だ、事実の上にはそうなのである。自然と云えば自然だ、それで老人は青年と、いつも喧嘩する。「自分が今日あるのは、保守主義、「そのまま」主義、安全第一主義、伝承一点張で来たから、こんなに年とっても、矍鑠《かくしやく》たるものである。若い者もわしの行為と心持とに倣うが一番だ」と、老人はこう云うて青年を教うる。

それからまた宗教は智慧才覚を余り重んじない。老人も従来の経験で思慮分別のそんなに役立たぬことを知って居る。いくら智の上で物事を苦にやんでも、大抵の人事は何かわからぬ力に動かされて進む処《ところ》へ進む。それで老人は若い者の理窟を大したものに見ない。かくの如く、分別智排斥の傾向が相合うので、老人と宗教とは能《よ》く抱きつく。真宗など殊に、凡夫とか愚夫とか尼入道とか何とか云うものを相手にする宗教だと自称しておるからには、自然その下に集まるものは老年の善男善女である。

幸いにしてか、或いは物の自然の道理がそうなるのか、それは知らぬが、世の中には誰も百歳二百歳と生きて行かぬ。皆上古の人のようだったら、世運の推移もなければ社会の進行も不可能となろう。次から次へと席を逐《お》うて死んで行くので、世間の物事が生きて行く。功成り名遂げた人が一寸《ちよつと》したはずみに尻尾を出すが、古《いにしえ》から命永ければ愧《はじ》多しと云う通り、七十位で隠居するのが第一であろうか。

宗教も既成のものは好い加減に「左様なら」とやるのが一番だが、どうもそれが個人のように行かぬ。そこに禍根が残る。それ故《ゆえ》こんなものに対しては、吾人は意識して争闘を開始しなくてはならぬ。その時の模様でこの争闘が急激に発展する時と、然《しか》らざる時とある。併し命があるものならいつかは改まる。歴史を外から見るのと、その中に居るのと、遠近各々多少の差はあるが、つまりは、行く処に落ちつく。

貧乏人と宗教

　宗教は貧乏人を救わねばならぬと云うものがある。社会の下層に踏みつけられて居る人々を見ると誠に気の毒なものである。何か為《し》なくてはならぬとは、誰でも考えているところである。必ずしも宗教が救貧事業をやらなくてはならぬと云わぬ、人心あるものは皆救貧事業に従わねばならぬ。

　併《しか》し本当の救貧事業は科学的でないと駄目だ。個人的にいくらやっても、また宗教の団体が零細な金を集めてやっても、それは大洪水を赤手で堰き留めようとすると同じで、とても救いきれぬ。何もせぬと云うわけに行かぬから、何かするけれども、何か目に見える結果を上げんと思うときは、救貧事業に対する根本の考えを改めてかからなくてはならぬ。

　どう改めるか。

　それは貧乏人の出来ぬような工夫をするにある。どうしてそれを実行するかと云うに、色々の途《みち》が有ると思う。

　まず教育を普及させる。これをするには学用品も弁当も何もかもその社会のものが負担して行く。

衛生思想を旺《さか》んにする。それには道路・下水・上水・家屋などの設備を完全にする。その費用は社会が負担しなければならぬ。家屋の建築の如きは社会が全体として深く考慮しなければならぬ。

土地は個人の所有を許さぬようにする。国家のものにする。今日のように地主なるものがあって、大きな地面を所有し、わしらは一坪の使用にも、借地料を地主に払わなければならぬ。馬鹿な話だ。土地は国家が所有すべきものだ。

養老金を出すことにする。六十でも六十五でも、官と私とを問わず、働いたものには一定の養老金を支給する。学者でも、会社員でも、労働者でも、店員でも何でも構わぬ。御役人にだけに恩給をやるわけはない。銀行家や会社の重役や市長などが退役のとき莫大な金を貰う理窟はない。労働者にも年金をやるべきだ。

薬や病院も只でやるべきである。

労働者の傷害及び病気保険の制度も国家がやるべきであろう。

産児制限もやってよい。

遺伝性の病気をもって居るものは結婚せぬこと。結婚しても産児せぬこと。

大体まずこんな風に国民の考えを改めてかかると貧乏人などは見たくてもなくなる。これをやらずに個人の手や宗教団体の手で百万や二百万の金を一年に使っても本当の救貧にはならぬ。一方では懶性《らんせい》と依属の根性を養い、他の一方では何だか妙な優越感を生ずる位のものである。

本当の救貧は貧をなくするに限る。それは出来ぬと云うか。そんなこともあるまいと思う。考えさえあれば何か方法は見つかる。

この考えを起させるのが宗教の役目だと、わしは思う、考えが出来てから先は、独りでに仕事が成就すると堅く信ずる。

戦争なども止めようと思えば止められる。宗教心の欠乏から止められぬのだ。戦争の費用と準備から中々の金を浮かし得る。この金は社会生活の改善などで数年を出でずして出来る。

宗教の仕事は実際に救貧をやったり、軍縮を唱えたりせずに、世界の人の心に無貧状態の願わしきを納得させること、戦争の馬鹿気たことを説き聞かせて、軍備全廃に進み行くようすること、これが宗教の使命の一部である。

宗教の本当の使命は、併しながら、この外に在る。それはこの個体と全一との関係に徹底することだ。

併し何事も急には出来ぬから、一方では気休めの救貧をやるも悪くはない。それは悪事と云うわけではないからだ。併し賢明な科学的なやり方ではない。これを忘れずに居りさえすれば、弱い心で一寸の慈悲心を満足させるもよい。

救貧の実際事業を宗教の如くに思うものもあるので、一言如此。

宗教と奇蹟

これは特にキリスト教に出てくる問題だと思うが、或る性格の人にとりては、信仰の基礎になることと少なからぬものがある。それはキリストの「奇蹟」である。が、これと同時に、これあるが故に信ぜられると云うがわい《い》の人もある。客観的には同一事実でありながら、それが相容れぬ信仰の条件となると、信仰は全く主観性を持って来ると云ってよい。即ち宗教――と広く云ってもよいと思うが――の信仰なるものは、人人の性格または気質または心理的傾向と云うべきもので決定せられると、こういう風に見てよいのか。

併《しか》し宗教的信仰がその人の性格や気質で極《き》まると云うことになると、信仰の絶対性または客観性と云うものがなくなると考えられよう。殊にキ教に在りては、神の取り入れが主観性以上に出ないと云うことになると、その教自体が立ち行かなくなる。神の絶対真理性が各個人の性癖《テンペラメント》で限定せられると云うことになるからである。これはキ教にとりては一大事と云わなければならぬ。

ところが、実際を見ると、キ教徒のうちには、奇蹟を取りのけるものがある。そうしてこれに反対するものは、「それは以ての外だ、キ教を信ずるものは実にその奇蹟の故である、超自然性を取りのけてしまえば、キ教はもぬけのからだ、何も信ずべきものは残らぬ」と、いきり立つのである。

どちらがどうか？　キ教者でなくてもキ教にいくらか領解を持って居るものの目から見ると、キ教信者としては「奇蹟」をそのままに取り入れるのが本当らしいと考えられるのである。併しその奇蹟なるものについては、ただバイブルの所述を鵜呑みにしてはならぬ。やはり科学的分析のメスを加うべきであろう。が、それを何処《どこ》まで進めるか？　即ちどこで打ち切りにするか、これが問題となる。

例えば、パンをいくつにも割ってふやしたと云うこと、水の上を渉《わた》ったと云うことなどは、物理的に不可能だ、自然法の劃一性《ユニフォミティ》を破るからだと云われる。手を触れて病人を癒したと云うことは或いは有り能《あた》うかも知れぬ、それは手先または指先から治病的電気性のものが迸出《へいしゅつ》すると云う場合もあるからだと云う。これはまだ科学的に十分に研究せられたわけではないが、それだと云って無闇に否定することも出来ぬ。歴史的客観性を持って居るとすれば、今後の研究を待つべきであろう。

キリストの死後三日にして昇天したと云うバイブルの話だけは、そう簡単に片付けられぬ奇蹟である。ポーロも云うように、キリストが生きかえらなかったら、自分等の信仰も無意義だとあるように、この生きかえりが文字通りに信ぜられなければならぬのである。ここに奇蹟論の難関がある。

そうしてこの最後の奇蹟をそのままに従順に受け入れることになると、他の諸奇蹟もまたそれについて来るわけである。奇蹟には一聯性がある。特に物質と霊体とを峻別して、一は死であり他は生であると云うことにしておくと、この死に主となり王となるには、どうしても霊性なるものを建てないと人間の理性は承知せぬ。真の永遠の生命はこの霊性の上に宿るわけである。旧《ふる》きものである物質は死して、キリストの御霊《みたま》に生きなければならぬ。罪の体《からだ》は亡びて十字架と共に腐り果てても、その中より生きかえるもの、死を完全に征服してまたこの吾を支配せしめざるもの、これを認得せんには、キ教としては、主の再生を信じなければならぬ。そうしてこの再生なるものが歴史的に時間的に客観的に、どこかで、いつか、実現したと云うことにならぬと、キ教者としては受け入れられぬのである。

こうなってくると、キ教者は奇蹟観でその信仰の上に二大別を生ずる。一は奇蹟を信ぜずにキリストの倫理的宗教にのみ重きをおかんとするもの、今一は奇蹟が信仰の中心になるもの、この二つにわかれる。この二つの態度が、やがてまた一般の人々の宗教に対する態度にもなるのである。

宗教的信仰または霊性的境地と云うものには、何か奇蹟的なものが含まれて居る。奇蹟のない信仰はないと云ってよい。信仰は実に奇蹟である。が、この「奇蹟」の奇蹟性に十分に徹底しないといけないのだ。

奇蹟は超自然と云えば、直《じき》にこれを感覚の世界に持ち出して、山を動かしたとか、水を涸らしたとか、枯木に花咲かしたなどの事象の上に考えようとする。或いは肉と霊とをわけて、肉は死するもの、罪を作るものだが、霊は永遠の生命であるから、霊に生きんとするには、肉に従わざらんことが要求せられる。そうしてこの肉に従わぬこと、肉をして生ならざらしめるものは、肉を征服したものである。肉の征服は肉を殺すこと、そうしてそれからまた生きて出ることである。これを超自然と云う。キ教は信仰の超自然性をここに見んとする。

奇蹟はまた超論理性の義にも解せられる。普通に云う理性では考えられぬと云う事である。仏教ではこれを「摩訶不思議解脱《げだつ》」と云う。つまり宗教には感覚や理性の及ばぬところがあるとの事である。これを「奇蹟」と云う。仏教の奇蹟は、それ故に、キ教のと全くその範囲を異にするとも云える。

何《いず》れにしても人間は、何かに飛躍のところ、連続の非連続のところを求めて、それが認得せられぬと、安心ができぬことになって居る。安心とは信仰であり解脱であり証菩提である。

つまり人間は一方においては自然の劃一性を信ずる、論理の連続性を確保したがるが、それと同時に、またそれを超越したもの、それに束縛せられぬもの、円融無礙《むげ》なるもの、自由自在なるもの、「奇蹟」性なもの、非合理性のもの、永遠の生命なるものを希求して已《や》まぬのである。そのようなものは要らぬと云う人もあるにはあるが、それには、どうも人間性の秘奥に徹底しないと判断しなくてはならぬものがある。行くところまで行かずに、半途に停滞すると感ぜられるものがある。

キ教学者のなかで、宗教の科学性に重きをおくものは左の如く云う、曰く、「キリストに関する奇蹟は悉《ことごと》く排しなければならぬ。処女懐胎から、肉の上からする死後の再生に至るまで、苟《いやしく》も自然法の劃一性に触れるものは、信仰の圏外におくべきであろう。キリストの生命の今日に至るまで尚お絶えないのは、その崇高な倫理的一神観にあるのである。云云」と。併し自分等はこれだけではキ教の全分を尽くして居るようには感じられぬ。やはりもっと何か奇蹟性または神秘性を持ったものがないと、キ教を宗教的信仰の次元まで上せられない。

それならと云って、処女懐胎や死後の昇天までを文字通りに受け入れて、ここに奇蹟があり神秘があり、キ教の骨髄があるとも考えられぬ。併し何かそのようなものを認めながら、自然の限定、数量的計算をも入れ得るものを看取したいのである。

合理性と非合理性を兼ねて居て、しかもその間に何等の矛盾を見ないようなものがほしい。信仰と云うのは、この矛盾そのものの上に成立して居る。キ教の信者の多くは、どうも文字の跡に執《とら》われすぎて居るように思われてならぬ。キリストその人の心の動きの中に飛び込むわけに行かぬものか知らぬ。バイブルは天啓の書だと云っても、それを記したものは人間性の過誤に陥ることをまぬかれぬ。これを読み破らなくてはならぬと、自分は云いたい。宗教はここで語られる。

宗教は確かに奇蹟である。併しこの奇蹟をどう取り入れるかによりて、宗教の純粋性を把握できる。

科学と宗教

科学と宗教と云うことを、人は能《よ》く言うが、そうしてこの対照を何か相容れないもののように考えたがる癖があるようだ。なるほど、「宗教」と云われて居るものと、「科学」と云われて居るものとの間に衝突した歴史的事実はある。併《しか》しそれは「宗教」や「科学」と称せられたもののことであって、今日吾等が本当にこれが宗教だと考えるものの中には、科学に背《そむ》くものもなければ、また科学から見て、攻撃せられるようなものもないのである。もし科学者なるものがあって、宗教に対してむやみに非難の声を放つことがあるとすれば、その人は何も宗教のわかって居ない人なのである。自分がそうだと想像して居る影法師に対して矢を射るくらいのものである。

本当の宗教なるものに対しては、どんな人でも——科学者でも政治家でも実業家でも——みな悉《ことごと》く厳粛な態度で対決しなければならぬ。宗教は人生そのものの意義に徹することなのであるから、苟《いやしく》も人間である以上は、そうしてある程度の発達した意識をもって居る人間ならば、誰もかもこれに対して一応の挨拶をすべきところのものである。

或る観点からすると、科学は進歩的、流動的、拡張的性格を持って居る。これに反して、宗教には固定、不動、常住、不変など云う文字で形容せられ得るものがある。それで両者は対蹠的関係に立つものとしてよいとも見られる。対蹠は必ずしも相互に排斥すると云う義を含まない。が、往往にして爾《し》か観られることがある。科学の栄えるところでは宗教が衰え、宗教の興るときは科学の後退を意味するとも考えられて来た。一分の真理はないでもないが、それは人間的心理の偏倚性に由るもので、宗教及び科学それ自身に一進一退させるものはない。外延でなければ内向、内向でなければ外延と云う塩梅に、人間の心が自ら一方に傾くように出来て居る。十九世紀と二十世紀との対立を見るとそのようなものが感ぜられないでもない。

第十九世紀から第二十世紀の今日にかけて、吾等は実に科学全盛の時代に遭遇した。そうしてそれは従って宗教の後退を意味したと云われぬこともない。その実は必ずしも然《しか》らずであっても、科学時代には何《いず》れか「進歩」が考えられ、人間世界がすべて前進性を持って来て、何となく浮々《うきうき》した気分になる。所謂《いわゆる》前途洋々たるものである。これに反して、宗教気分なるものには反省性が多いので、世間も沈みがちになり、鎮静性を帯びる。憂鬱とまででなくても、人間性そのものの底には宇宙時代に宿って居ると考えられる悪魔性が潜んで居るので、前面に一抹の暗雲の低迷するのを覚える。これが天地を包む一大疑問符となって人間社会に覆いかかって来る。今世界で有名な英国の漫画――寧《むし》ろ諷刺画の大家で、サー、マックス・ビーアボームと云う人の二つのカリケチュアを思い出す。

これはこの春の英国刊行の雑誌に載って居たのであるが、一つは十九世紀人の心に映ったと思われる世間相であり、今一つは二十世紀人が見んとする是からの世間相である。前者は、一人の肥えふとった頬鬚を生やした実業家風の紳士が如何にも満足げな気分で、自分の生写しとも見られる今一人のブルジョアの、前面に立って居るのを指さして居る図である。これが十九世紀人が抱いて居た人間進歩の象徴である。世間は科学の発展、技術の巧妙、機械的、物質的文明、殖民地の開拓、貿易の世界的拡張などで、これからはただ幸福と享楽と生活の向上、文化の限りない進展で、万歳々々だと夢みて居たわけである。日本でも十九世紀の末から二十世紀の初頭にかけて吾等の持って居た社会進歩の形像は実にこのようなものであった。

第二のカリケチュアは二十世紀半ばの吾等が見んとするこれからの世間相である。そこには一人の痩せて幻惑から覚めた男が立って居る。左腕に喪章さえまきつけて居る。前方にはただ暗澹たる雲が大空を蔽《おお》うて居るが、そこには大きな疑問符が鮮かに見られる。この男は大した希望を持たないようにこれを見つめて立つのである。原子爆弾が広島と長崎とを破壊してからの世界像は全く一変した。十九世紀から二十世紀の初めにまで、科学に対して抱いて居た人間の進歩の希望は、その科学のために、却《かえ》って今までにない大打撃を受けた。原子爆弾下に霜の如く消え去った十万余の日本人だけが、それにおびえて居るのでない、これを落下させた勝者と自余の人々と皆共に、同一様に、その下で戦戦兢兢として居るのである。科学は今や実に自分の墓穴を掘ったかの如き様態を呈して居るのである。

人間は「進歩」の外に予想しなかった経験に遭遇した。自らの工作に対して新たな反省をしなければならなくなった。人間性なるものに対して未だ嘗《かつ》て考えもしなかった方面から考察をやり直さなければならぬことになった。また新たな科学を打ち立てて、人間をその全面において研究しなくてはならなくなった。これが今日吾等のおかれてある立場なのである。

人間をその全体から構成的に研究する新たな科学とは如何《いか》なるものであろうか。これを英国の学者、エル・エル・ホワイトと云う人の説にきくとこうである。元来今までの科学は分析を主として居たので、全体の人間を合成的、構造的に見ることを懈《おこた》った。これからの研究原則は人間を二元論的に見ないところに打建てられなくてはならぬ。量と質、決定論と自由意志、身体と心と云うような対蹠的見地を捨てなくてはならぬ。今までは原子なら原子、電子なら電子と云う風に、そのものだけの研究をやった。ところが、人間は電子的組織体である。それから生物的化学体でもあり、また生理学的・生物学的・心理学的組織体でもあり、また更に社会学的・歴史学的過程を歩むものでもある。単にこのような客観的立場から人間を観察するように、今や科学の研究が動いて来たと云うだけでない。人間そのものが、自《みずから》の内部から、自の総合的研究を余儀なくせられるものを感じだしたのである。これが人間研究の主観的理由とでも云うべきものである。吾等は何《いず》れも今までのように自己の研究を余所《よそ》ごとのように考えては居られなくなった。ギリシャの哲人のように「汝自らを知れ」と云う箴言が益々《ますます》と現実性を帯びて来るのを自覚する。科学の進歩なるものは吾等を一種の窮境に逐《お》いこんでしまった。これからの人間は今までの諸研究を総合して、これを自分等の上に集中しなければならぬのである。そうして自分は如何《いか》なるもので、如何にして生活すべきものか、個人として、また集団的生活者として、これまでの様態を、何の顧慮もなしに、ただひたむきに続けて行ってよいものか、何か全体の上から見て、形成的原理の動きはないものか、この原理で万物転変の過程が形態づけられて、これが科学的に記述せられぬものか。しかし実際を云うと、このような問題が何かの方向に解決の曙光を見つけても、それで人間生活の完成が実現されるとは極《き》められまい。やはり人間には客観的に規制せられるだけでは動きのとれぬものがある。どうしても人間は主体的に解決の鍵を握って居なければならぬ。

こうなると、科学がその万全を尽くしても、人間をどうすることも出来ぬと云うことになる。人間科学が人間の全体を知り悉《つ》くしても、その知は科学である限り主体性を欠くことになる。人間は何かの型態にあてはまるよう外からの力で動く限り、即ち動かされる限り、人間の絶対自由性は獲得せられぬ。人間は本当に宗教に生きると云うことにならぬ。科学はどうしても最後の一転をやらぬと、宗教になれぬ。「なれぬでも善い」と言うのは、科学者や倫理学者の言うことで、宗教者の眼からすると、それでは本当の意味における人間を把定して居ないと云うことになる。そうしてこの把定がないと人間はその本住地である霊性的直覚の境に入ることができない。即ち不思議解脱《げだつ》が不能となる。

科学それ自身には何等の咎《とが》はないのみか、それは今後といえども、もっともっと発展させなくてはならぬ。そうして「人間学」または「人間の科学」と云うべきものの進出が特に大いに希《ねが》わしい。それは一面において人間が合理性と云うものに対して正当な了解と態度とを持ち得るようになると云う効果があり、また一面に人間として、たとい概念的であっても、自分を総合的に知っておくことは、これからの生活態度をどの線に沿うて定むべきかと云うことに役立つ。科学の行きつまりが、第二次大戦争後になって頻《しき》りに唱えられること、そうして科学者自身も純粋科学の発展こそ最も望ましいと云うのは、科学を技術化して人間の悪魔性を増長せしむる方向に赴かしめるからである。それは何《いず》れにしても現代の人間は前途に横たわる暗雲の裡に儼然《げんぜん》として吾等を脅かす疑問符の立って居るのを無視するわけに行かぬ。

近頃（七月十八日）発行の紐育《ニューヨーク》タイムス新聞の日曜附録の切抜きを送ってくれた友人がある。それに各方面の思想家が改めて眼を宗教面に向け出したと云うことが記されて居る。各種類の書物とその著者の名があげられてあって、何《いず》れも科学の価値の再検討を要求して居る。今まで科学は善き天の使いであって、人間はそれで日日の生活に附きまとう様々の労働から解放せられた。生活の水準は貧しきもののためにもずっと向上せられた。今までは贅沢だと思われたことも、一般に可能になった。各種の病気にもそれぞれの適薬が発見せられて、一般の人命は五十以上にまで延長せられた。マックス・ビーアボームのカリケチュアはただ実現の一途を辿るものとのみ想われて来た。ところが広島への原子爆弾の落下は俄然として今までの幻想を消滅さしてしまった。これは必ずしも科学の罪でないことは云うまでもないが、吾等一般人はこれを科学の進展と直結せしめる、そうして科学に対する幻滅を叫ばんとする。

ニューヨーク・タイムス記者は云う、「十九世紀の後半期には宗教的見地などと唱えても人は中々に相手にしなかった。多少の有識者でもわざわざ気をつけてかからぬと、そのようなものに著眼しようとしなかった。その頃の科学の全傾向は大体において反宗教的であった。天文学や物理学の諸発見は宇宙をしてただ一箇の機械――最も大仕掛けのものではあるが――それに過ぎないと感ぜしめた。ところが、この頃になっては、殊に物理学の方面で「蓋然率《プロバビリティズ》」とか「統計的平均率」とか云うことが唱え出されて、今までの「自然律」的鉄索は切断せられた。それで実験室で測量せられる限り宇宙はその神秘性を増すことになった。伝統的な「神」さえも容れられる余裕が出来た。」

　この考え方は今自分が言わんとする宗教論と反対の方向をとると云ってもよいが、何れにしても、これからの人々は、自然科学とか社会科学とか云う面だけでなしに、それらを動かして居る主体性のものに留意してほしいものだ。

民族と宗教

民族性の特質が、その中に興った宗教に、どのくらい影響するか。……これを歴史的に文献の上で精しく調べるのはこの一篇の企図するところではない。ただ誰でもが一般に見て気のつくところを一つ二つ拾って見たいと思う。

宗教は人間霊性の生活として一般性を持つことは云うまでもない。どこの民族の中で形成せられたにしても、それが純粋の意味に於ける霊性的生活の表現である限り、その宗教は、また能《よ》く他の民族の間に行わるべきものである。宗教に民族的なもののついて出るのは、寧《むし》ろ偶然性を帯びて居ると云ってよい。それで宗教を民族性に関係させて見ることは、偶然なるものを本質的にすると云うことにもなる。併《しか》しそれは気をつけさえすれば、混同することはない、両者は自ら峻別せられるのである。

宗教の偶然性はそれを生んだ民族の特性によりてのみ附加せられるものでない、それを始めて唱え出した人の特性によりても影響せられるものである。そうして時によると、この偶然性の故に、その宗教が一種の魅力をさえ持つことになる。本質の上から云うと、どれもこれも同一様の色彩を帯びて居ると云ってよいものが、その偶然性の故に、その特質が著しく目立ち、各自の特殊の心理的性癖と結びつくことになる。このような結びつきに目を奪われると、偶然が本質と間違えられることになる恐れが往往にある。それで宗教の民族性を説く前に、個人性と云うべきものに触れておくことも無用でないかもしれぬ。

手近な例をとると、日蓮宗であるが、普通に日蓮宗は多分に反抗性をもって居て、闘争的で、自我肯定的で、また国家我の念が強いとされて居る。国家我の執念は日蓮宗興起の時代性に影響せられたところが多いとも考えられようが、自我肯定的で闘争気分が旺盛だと云うとき、それは日蓮自身の個性に由来するところ甚大だと云ってよいと信ずる。日蓮上人はその一生を通じて抗争的であったようではないが、上人に帰依するものの多くは、その抗争的個人性に期待するようである。同気相求め同類相集まると云うが、その通りで、日蓮宗徒は何《いず》れも我が強いとの評判をとるようになってしまった。この我の強いところが、却《かえ》って彼等をして大いに積極的、行動的ならしめるので、善い意味で面白いのである。

日蓮上人が法然上人や親鸞聖人などと違って、積極的、闘争的気象に富んで居ると云うのは、彼の出処が今日のプロレタリアト階級であったと云う事実に由《よ》ることが多分だと自分は信ずる。元来貧乏人と云うものは、抗争的性格の持主である。押えつけられて、まいってしまうほどの弱体でない限り、金持のもの、社会的位地の高いものに対して、一種の反抗心を抱くものである。これを羨望とも嫉妬とも云ってよいかも知れぬが、兎に角、彼等に対して不平を持つのが常である。

強いもの、富めるものが陥り易《やす》い性格は、権力の不当な行使である。それは弱いものいじめである。弱いものでも、いつまでも、それを甘受しては居られない。機会があれば反抗の事実に出るようになる。それは歴史の上で十分に説明せられて居る。革命は無辜《むこ》のものの血を流すことさえ多分にあって、いつも歓迎すべきものではない。が、時には已《や》むを得ぬこともあると信ずる。それ故《ゆえ》、力のあるものはその行使をよほど慎まなければならぬ。必ずその反動がある。それと同じく、抑えられて居たものが、あらためてその力を得るようになれば、またそれを濫用せんとする。すると今度は自分が転落の憂き目を見なければならぬようになる。これが物理の自然である。

それは兎に角として、抑圧の下に居るものは、常に反抗性を持って居る。日蓮上人も辺鄙な一漁村におい立った人間として、特に彼の如き性格の人は、時の為政者階級に対して、甚《はなは》だ平かならざるものを感じて居たに相違ない。それが圧迫を加えられるたびに、益々《ますます》その強靭性を加えて来たことは、十分に首肯せられる。それで上人開創の宗旨にも自らその気分の漾《ただよ》い出るのを禁じ得なかったと云い得るではなかろうか。

同じことは今日の共産党に対しても云われる。共産党は宗教団ではないと云うかも知れぬが、現状では明白地に一種の宗教的集団である。活動が、経済面に著しく現われて居ると云っても、彼等の奉ずる主義は実に一種の宗教的信条だと云ってよい。神とも仏とも云わぬから、それは宗教でないと考えられもしようが、その主義が彼等の感情生活に加えて居る圧力には、実質上宗教的なものがある。そこでこの主義の開祖とも云われるマルクスの個人的生活や、その環境、更にその精神状態などを考えて見ると、その理論、その行動、その徒党の上に現われて来る性格の、如何《いか》にも被圧迫階級的なることが、肯《うべな》われるであろう。これをレニンの上に見てもまたその然《しか》る所以《ゆえん》をさとり得るのである。

キリスト教の場合でもそうである。キリスト伝なるものが、どれほどに歴史性をもって居るかは、今詮索の限りでないが、彼を大工の子にして居るところを見れば、彼の弟子達はそのように彼を見ておきたかったのであろう。即ちキリストの性格のどこかに彼の貧乏人的性格を認めてよいのである。彼の弟子達は、兎に角、権力階級の出身ではないようである。「パンのみにて生くるものでない」とか、今日もまたパンを与え給えなど云うところを見ても、彼は決して有福の部類に入るべき人ではなかったであろう。それで彼は政治的にも経済的にも力ある人に対して、いつも反抗の気分を抱いて居た。実際、天国に入るものは、貧乏人の方に多いのである。環境上、金のあるもの、権力のあるものは、その持てるものに頼る習癖を養いがちになる、誠に已《や》むを得ぬ。貧乏人は貧乏の故に、是が非でも、宗教的方面に進出するようにさせられる。

何れにしても、キリストには反抗的気分が多量にあったことは否まれないと思う。それでキリスト教は仏教などに比すると、攻勢的素質に富んで居る。

仏教の開祖である釈迦は、これもその歴史性がどこまで信ぜられるかわからぬが、貧乏人ではなかったようである。王様の子でなかったにしても、多少か社会的地位の人であったろう。社会の上層部の人は何れかと云えば、包容性に富むのが常である。釈迦から出たと見なされる仏教は、それで自らまた包容性をもって居る。他宗の人に対して喧嘩を吹きかけたこともなければ、政治上の圧迫に対抗して戦争を始めたこともない。どちらかと云えば、消極性を多分にもって居て、所謂《いわゆ》る長いものにはまかれよ主義を徹底させてさえ居る。仏教には、包容性と云っていけないなら、融通性がある。融通性は、よい意味にも悪い意味にも、解せられる。仏教そのものとしては固《もと》より善い意味にとるべきであるが、仏教者個人としては、それが悪い意味で行ぜられることが少なくない。例えば戦時中には米英鬼畜で騒いだかと思うと、今日では平和平和で飛びあるくか、民主主義を振りまわして、アメリカ万能を謳歌する仏教者が中々あるのである。所謂る「大乗的見地」なるものは、仏教そのもののどこかにあると云ってよい。併しそれをどういう風に実践にうつすかは、また大いに考えて見なければならぬであろう。釈迦は貴族出の故にその教えに寛容性があり、キリストは勤労階級所属の故に反抗性を含んで居ると云っても、よさそうなものがあるではなかろうか。

しかし開祖その人の性格なるものも、その所属の階級から出て居ると見てよい場合があると同じく、その民族性にも因由して居ると云ってよいこともあると信ずる。キリスト教の反抗的態勢はユダヤ民族そのものの所産だと見てもよい。元来ユダヤ族は神の選民だと云う強い信仰を持って居るが、それと同時に他の民族から終始圧迫を受けて居る。エジプトから逐《お》い出されて、小亜《ア》細亜《ジア》に来たかと思うと、またそこにも落ちついて居られなかった。今日では世界の各処に分散して居る。が、それでも同一族としての聯絡は十分にとられて居るようである。そうして自種族の特性を強く維持して行く。この点においては実に驚くべきものがある。どれほど永く他民族の間に交って来ても、自らの有《も》って居るものは、そのままに保有して捨てないのである。ただシナ民族のみはその偉大な同化力でユダヤ族をも消化したと云うことである。何れにしても、ユダヤ民族は世界の如何なる民族に比しても、その知性の優秀なこと、霊性的なることにおいては、一歩も譲らぬものを持って居る。この民族がなくなったら、世界文化の上に、尋常ならぬ損失を生ずることになるであろう。

それは何と云うにしても、ユダヤ民族は他からいじめられただけに、強い反抗性をもって居ることだけは、疑われぬ。これが弱い民族であれば反抗など云うことは夢にも見られないであろう。が、強靭な性格を持って居るだけに、他の民族の間に伍して、しかも何等独立の一国家を形成して居ないにも拘わらず、彼等は昂然としてその頭を下げないのである。このような民族の中に生れて、そうして自らはまたプロレタリアト階級に属したとすれば、キリストの教訓に、何かしらん突懸って来るもののあるを感ずるは自然ではなかろうか。

キリストが貧者、または労働に疲れたものを慰めるため、多くの尊き教えを与えたことは事実である。「求めよ、与えられん。尋ねよ、さらば見出さん」と云ったり、「幸いなるかな、心の貧しきもの、……幸いなるかな、悲しむもの……」と云ったり、「今日もまた糧《かて》を与えたまえ」と云ったりするところは、慥《たし》かに同病相憐の発露である。倫理も宗教もこれに在ることは疑われぬ。が、キリストはまた他方では次の如くにも云うのである。「われ地に平和を投ぜんため来れりと思うな。平和にあらず、反《かえ》って剣を投ぜんために来れり。それ我が来れるは、人をその父より、娘をその母より、嫁をその姑嫜《しゅうとめ》より分かたんためなり。……」と。これは如何なる意味に解すべきか。固より当時の歴史的背景において十分の領解を必要とすると信ずるが、それでもここには叛逆的精神の何かが潜んで居ることを疑うわけに行くまいと思う。

彼また曰う、「まことに汝らに告ぐ、富めるものの天国に入るは難し。また汝らに告ぐ、富める者の神の国に入るよりは、駱駝の針の孔を通るかた反って易し」と。天国は固より貧富の差等を見ない、時には善悪の価値をも認めないのである。キリストもこの理を弁《わきま》えぬ理窟はないのだ。それに特にここに「富めるもの」と云うのは、彼に明らかに階級意識のあったことを示すものである、また貧しきものの反抗性をほのめかして居るとも云えよう。

また云う、「エルサレム、エルサレム、預言者たちを殺し、遣《つか》わされたる人々を石にて打つものよ。牝鶏の、その雛を翼の下に集むるごとく、我なんじの子どもを集めんとせしこと幾度ぞや。然《しか》れども汝等は好まざりき。視《み》よ、汝等の家は廃《す》てられて汝等にのこらん」と。これもまた、一種の反抗意識を包んで居る。

このような謀叛気質は、キリスト個人としての境遇から出たものと云ってもよかろうが、大体に、ユダヤ民族の中には、いつも外部から加えられた圧迫に対抗して、折があればこれを転覆させてやろうと云う潜在意識があるのである。

キリスト教がまず欧洲に伝播しないで、亜細亜へ東進して来たら、どうなったかと云うことが考えられる。キリスト教発生の地がユダヤ民族の中であったと云う歴史的事実に加うるに、それの十分の発達を遂げたのが、欧洲民族の中であったと云うことが、それの性格をまた或る程度に色付けして居ないであろうか。固よりこのような考えは頗《すこぶ》る茫漠として居る。これを確定させるには、歴史や地理や政治など云うものをよく考察して、それから結論を引きだささなくてはならぬ。今はそのようなことをする余裕がないので、すべて取り止めのない臆測と独断との外に出ないことも已《や》むを得ない。それでも何か心当りのところがあるやも知れぬと思うまでである。

ユダヤ人の考え方もそうであるが、ギリシャからローマを経て、その思想系統を継いで居る欧洲民族も、その思惟の型は二元論式である。神と人、人と自然とを峻別するのは、ユダヤ思想である。デカートが始めて物と心とを分けて、二元論を唱え出したと云うが、彼は今までに、ギリシャ以来の人達が無意識に肯定して来たところを、はっきりさせたにすぎないのである。アリストテレス式の論理のあてはまるところには、皆二元論式のものがあると云ってよいのである。この論法の特性は分析に長《た》けて組織を経営するところに在る。

東洋民族は地理のせいか、気候及び気象のせいか、またこれを皆合せてのせいか、何れにしても、分析的性格を持たない。全くないとは云わぬ。その場合には生存そのものをも持続して行けないからである。ただ東洋民族は欧米民族に比して、分析的、推理的、組織的方面の才能に欠けて居ると云うべきものがある。これがその宗教——即ち仏教——の如きものにも読みとられる。キリスト教はユダヤに生れ、ローマで育て上げられ、欧洲民族の間に行われたので、この点においては、大いに仏教とその風貌を異にするものがある。印度《インド》に生育した仏教でも、それが東向せずして、直ちに西行して、欧洲民族の間に流行したとしたらば、両者の社会的活動面において、如何なる変化を生じたことであろうか。

キリスト教は仏教よりも闘争的性格をもって居る、チャーチ・ミリタントと云う言葉はどうしても仏教に取り入れられそうもない。釈迦は天寿を全うして八十歳頃まで生きて居たが、キリストは世間へ出てその福音を伝えると、三年を待たずに、磔殺《たくさつ》の惨刑に処せられたことになって居る。これがどれほどの歴史性をもって居るかは問わずにおいても、ユダヤ民族のなかでは、このような死に方をするのが、キリストの如き性格の持主の遭遇すべき運命であったろうと考えられる。釈迦を生んだ印度民族の間では、このような悲劇は見られなかったろうとの感じがする。ここでは宗教的寛容の精神が高かった。釈迦もキリストのように伝統的思想に対抗したのであるが、社会的脅迫を受けることはなかった。彼もまた三十歳頃に世間に出て、その新福音を高唱したのである、が、「四十九年一字不説」で、安らかに娑羅双樹の下で眠り去った。キリストは十字架上に最後の叫び、「わが神、わが神、なんぞ我を見棄て給いし」を残して、悲惨な絶息をしてしまった。しかし彼は三日の後によみがえったと伝えられて居る。釈迦はこれに反して今尚お鷲嶺《じゆれい》頂上で広長舌を振って居ると云われる。ユダヤ民族と印度民族とが、各自の霊性的生活に対して、それぞれの特性を示したことが、ここにも看取せられる。

キリストの磔殺と復活とは実にキリスト教の根本義を構成するところの、所謂る歴史的二大事実である。これがなかったら、その教義は成立せぬと云われる。これを歴史的事実として解するか、またこれを象徴的意義のものとして取り入れるかは、キリスト教徒の間でも、議論のあるところと思うが、兎に角、このようなことが云われ、このようなことが信ぜられるのは、ユダヤ民族の間でないと、いけないのではなかろうか。

浄土系の思想はキリスト教のに似て居ると云う。たとえば阿弥陀は、五劫思惟《ごごうしゆい》の本願で、兆載《ちょうさい》永劫《ようごう》の修行を積み、それで正覚《しょうがく》を成じ、それを衆生済度の上に廻向《えこう》すると云うのである。衆生は一向一心に弥陀を信じて、これをたのめば、必ず極楽に往生すると云うのである。キリスト教徒は神を憑《たの》んで救われ、阿弥陀教徒は仏を頼みて往生すると云うこと、その形の上では似たようであるが、キリストは自らの惨死で人間の罪悪を償い、阿弥陀は兆載永劫の修行で正覚を成就し、その正覚の不思議で衆生の罪業をそのままにして、彼等を悉《ことごと》く浄土に往生せしめんと本願する。キリストでは行為が目立ち、阿弥陀では思惟が根本義となって居る。理窟を云うと色々あるが、キリストの歴史的行為は印度民族の間では出て来ないし、阿弥陀の形而上学的瞑想はユダヤ民族の中からは芽出し得なかったであろう。

キリストの磔殺と復活には、永遠の宗教的、霊性的本質性のものが含まれて居ると云っても、その磔殺は歴史的偶然性であると云わなければならぬ。また彼の復活の如きも、三日の後左の如くにして行われたと云う、曰わく、「墓を見んとて来りしに、視《み》よ、大なる地震あり、これ主の使い、天より降り来りて、かの石を転ばしのけ、その上に坐したるなり。その容貌《かたち》は電光の如く輝き、その衣は雪の如く白し。……御使い云う、なんじら懼《おそ》るるな、……イエスは此処《ここ》には在まさず、その云える如く甦えり給えり……」。如何にも劇的光景ではないか。

霊性的生活の真実は「死して活きる」と云うところに在るのだと、脱白に云ってのければ、それで何もかも片付くようであるが、これをユダヤ民族的心理態で表現すると、キリストの磔殺と再生にあり、印度的にすると、阿弥陀の正覚成就と共に一切衆生即得正覚と云うことになるのである。

或るキリスト教徒は云う、「今日は実存主義の時代は終った。もう「黙示録」の時代が始まったと叫ばれる。黙示とは何ぞや。黙示とは、神の自己啓示である。神が、――しかし自然や歴史や文化からの、或いは人間の倒影像としての、理念や理想の神ではない、――生ける神が天を劈《さ》いて地に降り、紀元一―三〇年に、時空を劃して地上を歩んだ。ナザレのイエスが人間となった神御自身だ。彼の十字架上の死の悲劇性は、各時代の、従って現代のあらゆる悲劇を負って負い過した。そのことを啓示するものは、彼の死人の中からの復活の力である……」。これは講談社発行の『読書』第四号における山本和氏の「混迷期の超克」中に見える。

キリスト教には感性的、肉体的なるものが目につく。例えば「わが肉を食べ、わが血を飲め」など云う云い表わしは、印度で出来た仏教などには見られない。本生譚には釈迦がその前生で自分の身を餓鬼に施したと云う話もあるが、それとキリストの所言とは、固《もと》より同一様式で論ずべきでない。「人の子の肉を食わず、その血を飲まずば、汝らに生命なし」と云い放つところに、キリスト教の生々したものを感ぜしめられる。山本氏がナザレのイエスを以て、紀元一―三〇年に時空を劃して、地上を踏んで、人間になった神自身だと云うのも、この感じの延長である。キリスト教からこの感覚性の生々しさを取り除くと、その生命がなくなると云われるのも、尤《もっと》もな次第と考えられる。

ユダヤ民族の中からヴェダやウパニシャッドのようなものは出てこない。またキリスト教のようなものは印度民族の生活から流れ出ないであろう。仏教には大分具体的、身体的、経験的なものがあるにはあるが、ヴェダの系統を引いて居るので、宗教的感じ方が外に向わないで内に向うのである。「肉を食え、血を飲め」と云うところから見ると、仏教などの行き方は、大分空疎なもののように受取られると思う。併し仏教の立場のよくわかるものから見ると、仏教の方に却って生々したものがあるやに感じられるであろう。なまなましさは必ずしもいきいきしさでない。なまなましさをいきいきしたものと感じさせるには、再び内面の生命に触れてこないといけない。内面性を徹底させると「無限」に突当る、外面性を究極するとまた「無限」に接しざるを得ない。ただ人間知性の条件として、最初の出発点がいつも気にかかるのである。それでまず外へ向ったものは復《ま》た外を固執し、内から始めたものは、また内が主になるのである。キリスト教と仏教とは必ずしもいつも噬《か》み合わなければならぬ理由はないのである。

仏教は印度で宗教経験の埒《らち》の外へ出るようになった。これは印度に限らず、どこの国土でも、宗教は一度はそのようになる傾向を持つものである。こうなると、人間の知性は生きた経験から離れて、乾燥な、空虚な、そうしてまた煩瑣な論理の途《みち》をのみ辿らんとする。哲学的思索としては、それでまた興趣の尽きぬものもあるが、宗教はもはやそこから抜け出して居る。それで印度の仏教はシナ民族の間で、新たなものとして生きなければならぬようになった。シナ民族の心理は印度民族のに比すると実証性に富んで居る。それで印度で一旦生活圏内を逸脱した仏教は、シナでまたそれを取りかえすことになった。併しシナ民族の復活させた仏教は印度本来のものと自らその面目を異にせざるを得なかった。シナでも印度でも同じものだったら、それは生きた仏教とは云われないわけである。

シナ民族は仏教をどんな風に生かしたか。仏教哲学としては、華厳はシナ民族の思想的頂点に達したものと云ってよかろう。それから禅、これもまたシナ民族のなかでないと形成不能のものと、自分は考えて居る。なるほど、その思想の根源をつくすと、印度的であるには相違ないが、それが禅と云う形態をとるようになったのは、シナに渡ってからである。諸々との大乗仏教経典の如きは、固より印度民族の頭の中でないと鋳造出来ぬもの、シナ的心理ではとても及びもつかぬものである。が、それは印度では禅にはならぬ、禅にはなれぬ。六百巻の『般若経』は印度人の能《よ》くするところであるが、下記の如きはシナ人の心理と文学とユーモアとからでないと可能でない。ユダヤ人のキリスト観などとは頗《すこぶ》る縁の遠いものである。

問、「如何なるか是れ三宝《さんぽう》。」

答、「禾《か》・麦・豆。」

問、「学人不会《ふえ》。（わからぬ。）」

答、「大衆欣然として奉持する。（皆ありがたがって食べて居る。）」（三角山総印禅師）

渤潭《ろくたん》常興を訪ねた南泉、興の面壁して居るのを見て、その背を拊《な》でた。

興、「汝は是れ阿誰ぞ。（誰だ。）」

泉、「普願。（わしだ。）」

興、「如何《いかん》。（どうした。）」

泉、「也尋常。（相変らずだ。）」

興、「汝何ぞ多事なる。（せわしいこっちゃな。）」

趙州従諗《じょうしゅうじゅうしん》が庭を掃いて居ると、雲水の坊さんが来て尋ねた。

僧、「和尚は是れ善知識、什麼《なん》としてか塵ある。」

州、「外から来る。」

また或る時、今一人の坊さんが来て尋ねた。

僧、「清浄伽藍什麼《なん》としてか塵ある。」

州、「また一点也。（また飛んで来た、ほこりが。）」

このような問答は、禅では尋常茶飯事であるが、このような問答に初めて接したものから見ると、如何にも取り止めのないもののように思われるであろう。こういう対話の中からギリシャの哲学、キリスト教の神学にも譲らぬ深遠な思想が出るとは、一般に誰もが思い当らぬところであろう。

最後に、日本民族でないと、直截簡明な他力救済の宗教が酌み出されなかったかと思うものがある。何等悲惨事の聯想もなく、淡淡としてすべてを投げうち、嬉嬉としてすべてを受け入れ、「なむあみだぶつ」ですべてを片付けて行くと云うことは、日本民族の原始性・単純性、所謂「神ながら」性に基因するものではなかろうか。他力教には、キリスト教のように、肉体性をおびたところもなく、また動《やや》もすると、嗜虐性を示唆する恐れさえもあるかと疑われる痕跡もないのである。「われ一人のためなりけり」と云うことはあっても、それが「独坐大雄峯」と云うほどに誇張性の色附けがない。機法一体を唱えても、「われは神だ」と云って自我の執念をそのままに肯定することもない。理論づけをすると、無量寿仏は「光あれ」と云って二元性の世界を創り出したユダヤの神よりも、真実性を余分に持って居ると考えられるにも関せず、これを六字の名号の中に収めとって、各自の唇頭に漾《ただよ》わせるのである。「妙好人」なる人の心から自然に迸《ほとばし》り出る表現にきけ。

よろこびを、まかせるひとわ、なむのにじ、
われがよろこびや、なむがをる。
さいちや、どんどこ、はたらくばかり。
いまわあなたにく（苦）をとられ、
はたらくみ（身）こそ、なむあみだぶつ。
らくもこれ、よろこびもこれ、さとるもこれ、
らくらくと、らくこそらくで、うきよすごすよ。

これは島根県の西岸の一寒村に住んで居た下駄作りの浅原才市老人が残した数千首に上る自由詩の一つである。彼はこの時七十歳頃であったと思われる。毎日三畳に足らぬ仕事場で下駄を削りつつ、興の浮ぶままに、その鉋屑《かんなくず》に書きつけたもの、これが彼の胸裡から涌き出た他力享受の境地なのである。ひたすらに喜びに溺れて跳《おど》りつつ日を送るのでなく、「どんどこはたらくばかり」の「なむあみだぶつ」その人の姿を思い浮べて見るとよい。

神道家は日本民族性のあかく・きよく・なほきを説くのであるが、ただそれだけでは、宗教的、霊性的なるものの閃《ひら》めきが窺われぬ。これが人生経験の坩堝《るつぼ》の霊火で十分に浄化せられて来ぬといけない。仏教が行われた鎌倉時代に始めて目覚めた日本の宗教意識がなかったら、才市老人の如きものは生れなかったのである。

印度仏教の場合では、持戒も必要であった。知性的装備もなくてはならなかった、海印三昧《かいいんざんまい》とか獅子嚬呻三昧《ししひんしんざんまい》とか云うものも修すべきであった。シナ仏教になっては直指人心《じきしにんしん》の蘊奥《うんおう》を尽くさなければならなかった、撥草参玄《はっそうさんげん》の苦修を避けるわけには行かなかった、然らざれば一超直入如来地と云うことになれなかった。それが日本民族の間に伝わると、何の造作もなしに、

あなたかをみりや、
ふしぎなあなた
あなたかをみりや、
あなたわたしで、わたしもあなた、
なむとあみだわ、あなたとわたし。

と云われるのである。あなたがわたしに映り、わたしがあなたに映ると云うとき、十字架上に血を流すの惨もなく、墓石を動かす奇蹟も要らず、聖所の幕の真中より裂けると云う不思議もないのである。ただ何となくすらりと、「あなたお慈悲の御光明が、わしの心を御光明にしたてかえてくださる」のである。日本民族性の何かを茲《ここ》に見ると云うことにならぬものか。

宗教形態の偶然性を形成するに、その時々の政治的、経済的、社会的情勢の力が加わって来ることを記憶しなければならぬ。広く云えば、これらの情勢はまたその民族性の反応でもあるのである。それはそうとしても、環境的情勢は時代を逐《お》うて変化するものであるから、民族を異にしてもその反応のところから見て、彼と此と同一様式を呈することもあり得るのである。例えばキリスト教の場合と他力系の仏教のとを比較して見ると、両者の間に相似の傾向が認められる。

宗教には、通じて絶対憑依感を基本的なものにするのであるが、他力系仏教及びキリスト教にはこれが殊に表面に露出して居るように見える。それでニイチェなどはキリスト教を以て奴隷のためのものだと云い、共産主義者はまたこれを以て資本家が搾取政策のために被圧迫者に喫せしめる鴉片《あへん》だと云うのである。一面そのような趣きもないことはない。他力系の、仏教にしても被圧迫階級に特に訴えるものがあるように感ぜられる。農民とか小商人とか、その外の所謂《いわゆ》る卑しきもの、愚かなるものによりて、特に能《よ》く信奉せられる傾向がある。キリスト教もまた賤しきもの、貧しきもの、虐げられるものに対しての福音だと高唱するのである。霊性的自由を享有して居る人々の目から見ると、富めるもの、尊きものも、また貧しきものなどと一様に被圧迫階級に属するのである。が、世間的にのみ眺めると、前者は何だか自由を享楽して居るかのように感じられる。それで貧賤で無学のものは、彼等を羨望して嫉《ねた》んだり悪《にく》んだりする。その悩みをとるために、絶対者を恃《たの》めと、宗教家は教えることもある。

併し実際を云うと、宗教の本質なるものは、そのような偶然性の環境的情勢とは没交渉なのである。また民族性など云うものにも頓著しないのである。宗教には絶対性のものがある。それが人間と云うものに対して現象化して来る。苟《いやしく》も人間の在るところには宗教は必然に伴随して現われる。人間と宗教とは相離れられぬのである。この必然性に目覚めるのを霊性的自覚と云う。

物事はすべてそのようなものと思うが、特に宗教には知性を超越したところがあるので、却って迷信なるものに堕ちる危険性がある。他から見て居ると、如何にも偏狭なところがあるように考えられ、また透徹明快の理知を欠いて居ると推察せられるにも拘わらず、当の人々は甚だ然らずと信じて居る、そうして此方に対して同様の批判を下さんとするのである。誰か烏の雌雄を知らんと云うべきところであるが、そこに人生のあやがあると見てもよいか知らん。ただ肝腎なのは、この偏見の故に、真赤になって喧嘩のもつれを弥《い》やが上にもつれさせないことであろう。

霊性は知性を超越して居て、また能く知性を克服するものであるが、霊性はそれだけでまた十全たるを得ないのである。霊性は一たびは知性から離れなくてはならぬが、離れ了《お》えたら復《ま》たそこへ帰らなくてはならぬ。

それから民族性なるものも、今までの歴史的環境で形成せられたものであるが、その環境は何《い》時《つ》までも昔のままで続くものでない。これからは変化に変化を重ねるに相違ない。従って宗教もその本質を純粋な姿で肯定することになろう。

宗教と平和との関係

宗教にはどのような人でも関心を持つべきであり、持ち得ぬものは人間としては寧《むし》ろ下等に位するものと云ってもよいのである。が、既に宗教と云う名目をつけて、これを他の文化現象と区別することになると、宗教もまた芸術や文学や教育や政治などと云うものと同じく一科の専門になると見てもよい。それで吾等宗教家と云うことになる。

そうしてこの宗教家なるものが平和確立に対して如何《いか》なる事をなすべきかと云うことが、今日の問題となるのである。即ち宗教と平和との関係は何処《どこ》に在るかと云うことである。

ここで平和と云うのは、一国内における平和でなくて、世界平和の義である。宗教は世界に対して、何をなすべきであろうか。

平和は戦争と対蹠的関係に立つもので、両者は御互いに相容れないものである。戦争があるところには平和はない。そうして戦争とは殺人行為を大量的に遂行することである。戦争専門家は「殺人」と云わないで、抵抗物を排除すると云うであろう。或いはこれだけの力に対してこれだけの力を用いるとか、或いはこれだけの力または単位はそのために消耗すべきであるとか云うであろう。即ち専門家は戦争を物理学的、力学的または数字的に見て、その間に人格的なものの介在を許さないのである。これが近代的科学戦なるものの一面なのである。宗教の平和観はこの点でも軍事専門家の戦争観と衝突するは論を俟たないであろう。

　宗教的平和観の戦争と最も相容れざる点は、戦争の殺人的行為的面においてである。殊に近代科学戦においては、この面が最も大袈裟に行われるので、昔から云う人を斬ること麻の如しなどでは、とてもとても追付かぬほどになって来た。一寸ぴかりと光るかと思うと何万人と云うものが、この世の人ではないのである。そうしてそれが直接戦争には何等の関係もない人間なのである。近代戦は総力戦と云うからには、直接間接の隔てなど云うものはないのであろうが、とにかく悲惨を極めたものである。ただ一思いに死ぬると云うだけならそれもよいが、尋常ならぬ苦痛を受けて、それで尚死にきれないと云うことになると、戦争の殊に近代的科学的戦争の残虐を呪わぬわけに行かないのである。

　こんなことまでなさなければ、人間の争いが決済せられぬと云えば、人間ほど厄介なものはないと云うことにならざるを得ないのである。ところが、矛盾で出来た人間には、これほど馬鹿なことを平気でやって居て、しかも他の一方では戦争愛に対蹠する平和愛、殊に宗教的立場からの平和愛を、希求して止まないのである。人間性の不思議さはこの矛盾を包んで居るところに在るものと見て、吾等は戦争に対する平和をどこどこまでも主張し強調するのである。

宗教の極意は大慈大悲に外ならぬのである。上から下を恵むとか、高きから低きをいたわるとか云う種類のものでなくて、御互いに同じ位置に居て、同じ性格を持ち、同じ業縁につながるものとして、他を愛し己を愛する――これが大悲である。この大悲の本質を究め尽くすと、無縁の愛、無功徳の功徳、無目的的の行動などと云うものになるのであるが、それは今説かずにおく。

大慈大悲は、吾等人間の集団的生活の実際面にどういう風に行われるかと云うに、それは自由・平等・同胞愛と云う三面的内容を持って実現せんとするのである。この三面はまたそれぞれに限定つけて話ししないと、十分に飲み込めないのであるが、今は簡単に左の如く説明しておく。

自由は不自由即ち検束に対し、平等は差別に対し、同胞愛は自利的個人愛に対するものと見てよかろう。即ちこの三つは何《いず》れもそれ自身で意味を持ち得るものでなくて、必ず何かそれに対して立つものを有するのである。対立だけを見て居る限り闘争は免がれない。これが人生なのである。

それ故、大慈大悲と云うことには、その中に対立も闘争も含まれてあることを覚認しておかなくてはならぬ。普通、慈悲などと云うと、ただ生ぬるい春風に包まれて心も身も融けて行くことだなどと考えて居るものもあると信ずる。ところが、その実慈悲には秋霜烈日の如きものさえも包まれて居ることをわすれてはならぬ。

そうしてまたそれ故に、大慈大悲の宗教が鼓吹する平和観にはまたただなまぬるいもののみがあると見てはならぬ。人生は何かの意味において矛盾と闘争をまぬがれないように出来て居るから、無為無事の平和は存立不可能である。知性は分別であり、存在は差別である限り、個物は否定できぬ。即ち人間の集団生活も何かの意味で個己の実存性を認めなくてはならぬ。その意味で平和の可能を説くべきであろう。平和は矛盾を亡くするの義でない。随《したが》って宗教の大慈悲は、矛盾を孕み闘争を抱いたままのものであることを忘れてはならぬ。

宗教的平和観が戦争と対蹠的なものになるのは、戦争が力の表現であり、そしてその力は殺人と奴隷化と云う形態で自己肯定をやるところにあるのである。戦争は人格を無視する、人間的威厳を蹂躙して少しも顧みない、ここに戦争の人間行事として最も嫌悪すべきものがあるのである。

人間には誰でも自己肯定の衝動はある。差別の世界では已《や》むを得ぬ。ただこれがために他人に禍《わざわい》を及ぼすべきでない。集団は個人から出来て居るが、この個人もまた集団あっての個人である。相互に牽制してしかも相互に扶助し合うことによりて、団体は平和の生活を続けて行ける。これは個人の集まりでも国家群でも同じことである。

国家の場合では、絶対に独立して絶対的主権の所有者であるように考えられて、勝手に戦争を始めることが認められて居るようであるが、それは世界国家とか政府とか云うものに対する明晰な概念がまだ出来上がらずに居るからのことである。この概念はこれから次第に発展させなくてはならぬ。また次第に実現の方向に進めなくてはならぬところのものである。宗教者もこの点に向って実動を開始させてよいと自分は信ずる。

人間には自己肯定の外にまた冒険を好む性格がある。単に一種のスリルを感ずる快感の外に、自分を賭して何か仕事をやって見たいと云う心持が人間にある。この意味で天国よりも地獄の方がよいと思われもする。天国では冒険がない、刺撃がない、衝動がない。これでは人間らしい生活が送られぬ。

戦争は賭博であり、非合理的であり、冒険であり、スリルで充ちて居る。人間の最も好きな行為の一つであると云ってよい。人間はこの点で悪魔性を多分にもって居る。併《しか》しこの非合理性はただ殺人行為の面にのみ動いてはならぬ。悪魔性は洗錬せられ、昇華せられなくてはならぬ。然《しか》らざれば人間の品性が取り返されぬことになる。

人間は元来合理性を好むものであることには、疑いないが、人間にはまた他の一面がある。即ちその心理学的本能面では、まだまだ原始性を脱却しては居ないのである。戦争は実にこの原始性に訴えるものである。生命の活動には遊戯的なものがある。そしてこの遊戯性には時によると自殺的なことがある。宗教的に云うと、この生命の自殺性を自己否定性、または神通無碍《むげ》性とも見てよいところがある。が、それまでに洗錬せられない場合には、特攻隊または自殺隊のようなものになる。日本人の戦争にはこの原始的心理態が尚強く現われて居る。これはどうしても理性によりて十分の鍛錬をうくべきであろう。

人間はいつまでその原始的心理態を保持して行くべきものかはわからないが、これは中々に取り除きにくいものであることは、疑いを容れない。併し人間にはまた理性があって原始的なものを批判して行くのである。そうして兎に角今日までの文化をつづけて来たのである。それを時々の破壊的行動で元も子もないように掃蕩し去ることは如何にも情ない次第と云わなくてはならぬ。

生命を賭けての博奕は真ッ平である。それが自分だけならまだ好いとしても、その禍害が他人の身の上に及ぶとなると、人間として、吾等の心の中には何となく済まぬと感ぜざるを得ないのである。原始的に盲目的に生命を賭けての嗜虐性にみちたかけごとは止めなくてはならぬ。これはどうしても理性に由りて人間的な方面に指導せられねばならぬのである。

それで戦争なるものは、人間的・道徳的・理性的・霊性的立場からして、断断乎絶滅しなければならないのである。積極的に云うと、平和は如何なる方法によりても、将《も》ち来らせなくてはならぬのである。平和はただ戦争と対蹠するということだけでなく、戦争を起す人間の原始的心理態を洗錬し向上した本当に人間的なるものを、その中に包含したものであってほしい。これは実際には人間改造と云うことになるのである。

ガンディ翁の云ったように、いくら人間集団生活の組織体を改めても、人間性そのものを改めない限り、非合理な闘争と流血の騒ぎは止むものでない。共産主義がどうの、資本主義がどうのと云っても、今日の国家組織・社会組織・経済機構では、平和は望まれるものでない。

人間の改造は何と云っても宗教と理性とによるより外ない。これは遅々として鈍牛の歩みに似て居ることは慥《たし》かであるが、それだけに踏みしめたところだけは、しっかりと押えて居ることが出来る。人間の業と無明とに対する霊性的自覚によらない限り、人間改造は期せられぬ。従って集団的生活組織の本当の改善は期せられぬ。これは自明の理である。自明の理であるだけに、強く明白に意識の上に据え付けておくことを忘れるのである。

戦争は悪魔の戯れであるから、如何にも華やかである。平和は理性と霊性の仕事であるから、目に見えぬ、はっきりとつかめない、如何にもじみである。それ故、人々をしてこの道を踏ましめることは容易でない。が、この道は何と云っても踏み進まなければならぬのである。悪魔にそそのかされて行く国民は今や世界を二大陣営にわけて、人類最後とも感じられるアルマゲドンに向って驀進《まいしん》しつつある。今にしてこれを防ぐ方策を講じない限り、人類の滅亡の時期は計算せられるかも知れぬ。それで自分は次の如き限定せられ得る方策を動議したい。

一、世界国家なるものの建設――これは吾等の今まで持って居た国家観に対する革命的な考えである。

二、これを実現するには、まず理性の発展を促進すべき教育を旺《さか》んにすることである。これは吾等日本人にとりて殊に必要である。

三、宗教的教育によりて、人間の本質はその霊性的なところに在ることを理解させなくてはならぬ。これもことに日本人に大事である。今までは狭い神話的国家観・途中神的宗教観などに養われて来た日本人である。そのように偏狭で浅薄な宗教思想は、平和など云う概念と頗《すこぶ》る縁遠いものである。

四、宗教的にだけでなく、人間生活の各方面に向って寛容な精神を持つことにつとめなくてはならぬ。これは人間自由の考えから出るもので、相互間の尊敬に根ざすものである。

五、人間相互の尊敬は相互の理解に由る。すべてを知るはすべてを許すことだと云うフランスの諺は実に能《よ》く人間性に徹して居る。吾等は深く人間性の底を、日々の生活経験の上で探らなくてはならぬ。

六、日本人は広く世界における思想の動きに注意しなくてはならぬ。これを批判するだけの独創的能力を養うべきである。平和思想はこれを基礎として出来上がる。

宗教は現代をどう救うか

この課題は何人も容易に口頭に上せ得るところのものであるが、これに答えることは一朝一夕にできない。とにかく、限られた紙数と限られた私の知識とで、何かの解答をしてみることにしよう。

先《ま》ず心頭にうかぶことは、「宗教」とは何かということであろう。これがきまると、所与の問題もおのずから解決の糸口を見出し得ることになろう。

現代人は宗教をどんなふうに見ているのであろうか。「宗教とは何か」ということが、先ず考え定められないと、話の進めようがないであろう。

「宗教学の説く宗教」と云っても、これまた漠然としたもので、「宗教学」の何かが問題になって来る。それで簡単に話をかたづけてしまうと、次のようなことになるだろう。即ち「現代人は何やら心に落着きがなくて、一種の悩みにとっつかれている。これを癒したいが、どうしたらよいか」ということに煎じつめられるであろうか。「何やら欲しいものがある。然《しか》しその何ものたるかがわからぬ、それで悩みつづける」というのが、「現代人の要求」なのであろう。

求めて獲られぬと、それが煩悩の種になるが、求めていて、その求めの目的物件がわからぬということになると、その悩みには云い知れぬものがある。或いは云う、「求めているものが何かわからぬというようなことが、果してあり得るか。すでに求めると云うなら、その目的物件は疾《と》うの昔にわかっていなくてはならぬはずだ。求めていながら、何を求めているかが不分明だなんていうことはあり得ない、そのような非合理性はあり得べからざることだ」と。このような非難があるかも知れぬ、それは尤《もっと》もなことである。

ところが、このような求めが実際に吾々人間にあるのである。経験しないものは、論理とか分別とかいうものから、抽象的に見て、その有無を判断して、問題を一蹴し去らんとする。これがまた現代人の悩みの種になるのである。

求めるものがはっきりすれば、それが未だ手に入らないでも、そんなに悩むことはない、手段をつくせば何とかしてものになるであろう。ただ、求めの対象が何ともわからないで、しかも何だか向うに在るとすると、これほど気にかかることはない。論理で「そんなものはない」とはねつけても、それでも、心の奥に時々動き出すもののあるのをおさえつけるわけに行かない。ここに宗教があるのである。私はこれを霊性的胎動と名づけておく。

この胎動を心理的に云うと、「悩み」になるのである。ただ固定の物件が得られない、それが欲しいというような悩みでなくて、神自身が自身を自覚しようという悩みである、存在の根元における悩みである。ここに宗教がある。宗教は、存在自らの悩みが個個の人々の心の中にうつるところから生れるのである。

「存在に何の悩みがあるべきか。ただあるというだけで、それでよいではないか」とたずねる人があるにきまっている。

ところが、存在に悩みがある、これが不思議なのである、思議の範囲を超えているのである。実際の話では、ただの存在ということはない。存在は存在として認められねばならぬ、然らざれば存在は無いのである。存在に自覚がなくてはならぬ。自覚は先ず自分を否定して始めて可能である。存在は否定によって存在たる所以を完《まっと》うする。『起信論』の言葉をつかうと、「本覚《ほんがく》」は無自覚である、「始覚」によって自覚を獲得する。そしてこれに至るには、「無明《むみょう》」の媒介が必要である。「本覚」は、自らを否定することによって、無覚から自覚にうつる、それで自らを完成するのである。論理的には否定と云うが、心理的には悩みである。

これを個人の上で云うと、普通一般の悩みには、「これが悩みだ」と云って、その痛処をはっきり指摘できるのであるが、宗教的悩みには、底も無く辺際も無いような感じがする。この特徴はどこから出るかと云うと、宗教の定義に触れて来る。

宗教の特殊性は、その超分別なところにある。超分別なものが、超分別なところに止まらないで、分別識上に自らを示現せんとする、これを不可思議と云う。そうしてこの不可思議のところに宗教が生れる。悩みは、つまり宗教を生む悩みである。それ故、この悩みには、分別性の悩みと違って、何とも手のつけようのないものがある。そして、それがそれとしてうっちゃっておけないので困るのである。

科学はすべてを割り切れるものにしようと云う。それは分別性を基礎としているからである。

科学には秘密は禁物である。宗教には秘密がある。これは、隠しておくという意味ではなくして、もともと分別識上に出されないということなのである。それが悪い意味にとられて来て、「隠しておく」、「人に見せない」というようなことになった。宗教には、何も隠すものはなく、いずれも赤裸裸にむき出しではあるが、それに対して分別の刀は加えられないというところがある、それが秘密なのである。それ故、秘密は相手の懐に隠されてあるのでなくて、却《かえ》ってこちらにあるのである、割り切れないのは、自身が割り切れないからである。科学は先ず自分を割り切れるものに見立て、それから自分以外のものにとりかかる。実際を云うと、その割り切れると思っている自分が、もとより割り切れないのだ。ここに錯覚があると云えば、もとより然《しか》りであるが、科学にはまた然るべき立場があるから、それはそれとして理解しておかなければならない。

「宗教に反動性がある。そうしてそれがいやだ」という考えまたは感じ方には、いつも云うように、判然しないものがある。一般に云うと、如何なる動きにも、原動と反動とは互いに附きもので離れられないものである。原があれば必ず反がある、それは動きそのものの性格である。吾々の分別識は、それを分別して、原は原、反は反、相分れているやに考えるが、それは間違いだ。それから、宗教には個人的面と社会的面とがある。宗教の社会的反動性というのは、その保守性である。前か後かわからぬが、一方向きに動くものを牽制して、みだりに動かなくしようとするものが、宗教――社会制度としての宗教――にある。それは一面に個人的心理の一傾向を象徴するとも云えるのである。

心理学者の云うように、吾々はいずれも個人として古えに還ろうとする。母胎の保護的障壁内に戻って、他との摩擦或いは衝突或いは抵抗などいうものから免かれたいという気が、いつもある、母胎内ほど安全性に富んだ所はないからである。心理学者はこれを人間の嬰孩病《えいがいびょう》とでも云うであろう。が、哲学的に云うと、人間には、どうでもこうでも、争いの世界、即ち分れ分れの世界から離れて、分れる前に戻りたいという望み或いはあこがれがあるのである。これには一様ならぬ理由があるのであるが、とにかく、本来の一に還りたいという心の動きは否まれないのである。宗教的悩みというものの根柢を深く掘り下げてみると、この原始の「一」がはっきりとつかめないということがある。「原始」というのは、時間的ではなくて、論理的に爾《し》か云うのである。いずれにしても、宗教の個人心理面にこの原始性と云うべきものがある。それが社会面に反映して、進歩なるものに対して、所謂《いわゆ》る反動的なものを見るのである。然《しか》し、人間的活動の経済から見て、やたらに向う見ずに飛びまわることは、けんのんか至極であるのみならず、力の浪費になるのである。この点で、宗教の「反動性」にも、社会的意味が見られると云ってよい。

こういう具合に考えてゆくと、一概に「宗教の反動性がいやだ」と云うことも、大して意味の無いことにもなる。但々《ただただ》物が一方向きにのみなって、他の面を忘れると、弊害が止めどなしに出て来るということは云い得られる。それ故《ゆえ》、人間のすることには、何でもかでも、反動性がついてまわる。但々これを適度に調節してゆきさえすればよいのである。反動性がいけないと云って、むやみに向うへ向うへと行きたがれば、図り知られぬ谷底に陥ちてしまう。今時の若い人々の考え方には、往往一方向きのみのところがある。これが青年の特徴であるから、いくらか年寄った者はそれを牽制してゆかなくてはならぬ。老人には反動性・保守性・現状執著があっていけないと云うが、老人の無い世界はあり得ない、その役割の大切さにも十分の注意を払わなくてはならぬ。

それはとにかくとして、心理学者の中には、吾々の「嬰孩病《えいがいびょう》」を斥《しりぞ》けて、やたらに、大人らしくなれ、そうして理性的・自己独立的に働けと云うのがあるが、ここにもまた一つの錯覚がある。それはどうかと云うに、理性即ち分別識で、所謂る独立的に大人《おとな》らしく生きてゆけと云う人々が、存在の「危機」なるものに対して、逡巡躊躇して動けないのである。現代の不安全性はここに発祥していると云ってよい。神学者などの中には「生きる勇気」など云う人がある。ただ生きてゆくにも「勇気」が要るのである。この「勇気」は、つまるところ、人間の空元気にほかならぬのだ。分別性を唯一の武器として、これで存在または実在の大波を渡ろうと云うのである、終《つい》には、原爆または水爆で敵・味方を鏖殺《おうさつ》しようということになる。これには大いに「勇気」を必要とするであろう。然《しか》しこの勇気の裏には不安全性の戦《おのの》きがくっついている、空元気ではしようがない。

宗教の返本性または還源性とも云うべきものを、ただの「反動的」だと考えたり、「嬰孩病」と診察するのは、偏見に育てられた社会科学者とか心理分析家などという人々の目からのことである。宗教哲学的立場からすると、そんなにやさしくまたは浅く見立てるべきではないのである。「集合性無意識」ですべてを落著かせようと云うのも、今一層の飛躍を欠くと見てよかろうと自分は信ずるのである。

宗教の返本性または超分別性というものは、時間を超えて考えなくてはならぬのである。これを忘れると、返本の「本」を、時間的に見て、進化論者が人間をアミーバから発達して来たと説くように、過去を聯想させるのである。何か、千万年かまたは無量劫《むりょうごう》の昔に「本」と名づくべきものがあって、それが生物のように分化し進化して来て、今日の人間性のようなものになって、吾々の意識の裏に潜んでいるやに考えて来るのである。ところが、宗教に謂う「本」なるものは、そんな歴史性をもった時間の上で謂うのでなく、今日ただ今働いている意識そのものの中にまたは底に在る「本」を謂うのである。但々吾々の分別識の故に、これを抽出して、「本」とか末とか、源とか流れとか云うだけのことである。「本」は、どこか遠い遠い昔のまた昔に、どこかで忘れて置き放しになったものではないのだ、それを今更たずねあぐんでいるのではないのである。科学と名のつく学問の立場からでは、分別を超えるわけにゆかぬから、自ら時間的に「本」を過去に据え付けてみぬと承知ができぬということになる。これが科学の限定性である。吾々はどうしても、宗教哲学とか、存在学とか、形而上学とかいうものを考えなくてはならぬのである。

科学思想には限界があるということと、宗教の非科学性とか非文化性とかいうこととを、混淆して考えてはならぬ。ちょっと科学という言葉に話がうつったから、一言述べておいてよいと信ずる。

先ず宗教の非科学性について云うと、これは、宗教が科学に反対するとか反抗するとか、また、それを否定するとか拒絶するとかいう意味ではない。宗教の非科学性というのは、宗教には科学だけで考えては説き尽くされぬものがある。それを無理やりに説き尽くそうとする科学があるとすれば、宗教はそれに反対するということなのである。それは何故かと云うに、科学は吾々人間の分別識即ち相待的考え方から出発するもので、宗教のように分別智を超越した立場を認めない。

これを科学の非宗教性と云ってもよい。この非宗教性と彼の「非科学性」とをつきあわすと、互いにとても相容れないことになって、話のつけようがないとも考えられる。

然《しか》し今云うように、宗教の非科学性は科学を認めないと云うのでなく、宗教には宗教の分野があって、それは科学のと違うということならば、宗教としては何も科学を敵にまわすことはない、寧《むし》ろ、科学自身が宗教の独自の立場を否定することによりて、宗教を敵視するということになる。吾々の目から視ると、此《かく》の如き科学の立場は科学自身を知らぬからのことである。科学は知っているところを知っていると主張してもよいが、知らぬところを否定する権利も資格も無いのである。科学万能と云うのは、科学そのものの限界性を知らぬ盲者の囈語《たわごと》に過ぎない。宗教はもっと公平で坦懐な立場で見ているから、或る科学者の如き偏見はもたぬ。それ故、宗教の非科学性と云っても、宗教は科学を排斥すると云うのではない。

普通に宗教の「非科学性」とは何を云うかとたずねてみると、次のような一例が挙げられる。これは三、四年前のことだと思うが、基督教《キリスト》で、聖母マリアという一人の人間的存在が、そのまま昇天したということを、一箇の歴史的事実だとして、ローマ法王庁で公に認めたことがある。これを所謂《いわゆ》る科学の目で見ると、「非科学性」なのである、今の世の中に人間が昇天するなどいうことは信じられないと主張される。雨は空から降るもの、水は低きにつくもの、動物の或るものは地上を匍匐《は》いまわり、或るものは空中を翔《か》け飛ぶというのが、吾々の常識である。聖母マリアの聖なる所以《ゆえん》は、自然の法則を無視するところに在るのでなくて、大いに他に原因するのだと、こういうふうに考えたいのである。ところが、人間の常識以外に、マリアを昇天させないと気のすまぬものがある。自分は仏教徒で、科学者の考え方にも共鳴するが、基《キ》教徒の信じ方にも「さもあらん」と云いたいものがある。次に少し弁じてみよう。

もとを云うと、一応はキリストの歴史性なるものも、問題にすればなるのであるが、それは先ず別問題として、キリストをその教徒が受け入れているように受け入れてみる。そうすると、その母である人は「只者《ただもの》」だと見るわけにゆかぬ、キリストのように神性を帯びた人間としなくてはならぬ。それなら、その父なる存在は如何にとたずぬるに、キリストは生物学的には父無くして生れたのである。それから、基督教《キリスト》の建て方から見て、父の必要よりも、殊に母性の必要性がある。マリアが聖母または神の母として、キリストよりも、或る意味では、彼以上に親しまれるのである。彼女に献げられる蠟燭の数から見れば、キリストなどは、物の数かはと云ってよいほどである。旧教は基督教と云うよりもマリア教と云った方がよいのである。

キリストは愛を説いてユダヤ教の律法づくめなのに反対したのであるが、それでも、キリストは、終末論的には、最後の審判者として、大いにその威力を揮《ふる》うのである。彼は少しの容赦もなく、罰すべきは罰し、賞すべきは賞するのである。彼は、やはりユダヤ族の系統を離脱できない。愛よりも義を重しとする「父」であって、「母」ではないのである。人間は、何と云っても無条件に赦されてほしいものをもっている。罪業というものを立てると、人間はもともと罪業そのものと云ってもよいので、これから離れるとき始めて赦され救われるなどという余裕をもてないのである。人間は罪業をそのままにして「母」の懐に飛び込みたいのである。「母」は、また、その子等が如何に悪くて罪深くても、彼等を「永遠の火」に放り込んでしまうことをせぬ、寧《むし》ろできないのである。「悪い子ほどかわいい」というのが母性である。この母性がキリストに欠けている。彼はやはり「父」であって「母」でない。聖母マリアの基督教に不可欠の理由はここにある。

果して然りとすれば、その聖母は地上のものであってはならぬ、どうしても「天上界」の存在でなくてはならぬ。キリストが磔殺の後三日で昇天したと云うなら、マリアもまたいつかは昇天しなくてはならぬ。その「天」なるものが「彼の蒼蒼たるもの」であるか否かは問題でない。それは科学者の論議または批判を入れる余地の無いところの「天」なのである。吾々常識の持主は分別智上から何かと非議したがるが、「聖母」を要請する「信者」の立場からすれば、そんな是非の判断を超越したものが、彼等にあるのである。自分は仏教者であるが、基督教信者の心持はよくわかるような気がする。

これを宗教の非科学性と云えば、「正に然り」と云うべきである。が、宗教そのものの立場、即ち人間本来の心持から云うと、このようなものが要請されるのである。それは非科学的だからやめてしまえと説き聞かしてもやめられぬものを、人間はその心の底にもっている。問題は、この要請を十分に哲学的に研覈《けんかく》するに在るのである。

宗教の非文化主義とでも云うべき性格についても、同じような議論が成り立つのであるが、今は詳説せぬ。

畢竟《ひっきょう》するに、人間性の奥の奥には、分別識だけでは割り切れぬものがある。それを形而上学的に見る者は、何か知性的に超越したものを見ようとするであろうし、また、情意的面からしきりに掘り下げてゆく者は、何か無限に母性的なものに抱きとられたいと云うのである。宗教にはこの両面があるが、いずれも超越性をもっているので、分別智の領域を逸脱しているのである。

宗教をこんなものとすると、これが現代とどんな関係になるかが、次の問題である。ところで、この関係に説き及ぶ前に、「現代」とは何かということを決定しておくことが必要であろう。宗教で救われるべき「現代」とは、抑々《よくよく》何であろうか。

現代を今までの過去とどういう塩梅に区別して見るべきかということは、或いは人人で違うかと考えられる。また、それを政治面・経済面・道徳面・思想面などの諸方面から見るので、また、その間にいくらかの相違もあらんかと考えられる。然し今はそんなことを一一取り上げてゆく暇《いとま》がないから、大ざっぱに思想面から見ることにする。そしてそれも細かいことは説かれぬから、極めて馬車馬的な見方になり、結論も決してまとまったものになり得ないと信ずる。

今は第二十世紀の中頃であるが、これを第十九世紀の末頃から第二十世紀の初めにかけての時代と比較してみると、如何にも大なる逕庭のあることを感ずる。私は第十九世紀の中頃を少し過ぎて生れたものであるから、その間の思想の変遷を悉く《ことごと》経験しているとも云い得る。例えば照明の場合にしても、私は種油で行灯《あんどん》の下で勉強した覚えがあり、それから、石油の時代、ガスの時代を経過して、今は電力の時代である。火をおこす方法にしても、火打石を鉄でたたき、火花を火口《ほくち》なるものにうつし、それから附木《つけぎ》で火をつけることを知っている。早附木《はやつけぎ》即ちマッチなるものの渡来したのは、ようやく六、七歳の頃だと覚えている。これは北陸の都市での出来事であるが、もっと田舎では、電灯もマッチもおくれて流行したと信ずる。その時代で、今日即ち現代なるものを、私たちはどうして予想したであろうか。時代の推移を――単に物質面の生活から見ても天地霄壌《しょうじょう》の差を――、一世紀も経たぬうちに、看取し、経験するのである。これからのテンポは、今までのものに、更に何倍の拍車をかけることであろうか。

第一次・第二次の世界大戦争までは、いずれも文明の進歩ということを信じ、世の中は次第に好くなってゆくものと考えられた。「好く」なるということ、「進歩する」ということ、それはどのような意味になるのかはわからないが、世の中は次第に何となく気楽に暮らせる、お互いに仲よくなる、物質的面も豊かになり、貧富の差も甚《はなは》だしくなくなり、美術も工芸も盛んになり、学問の研究も進歩し、誰も彼も幸福になるとの感じがしたのである。ところが、このような仕合せを将来すると思われた、主として科学の進歩なるものは、原子爆弾とか水素爆弾というようなものを作ることになった。今までは敵を殺すだけにつかわれると思ったものが、自分の上にもいつ破裂するかわからぬ、破裂しなくても、放射能の惨害はいつまでも継続するということになった。これには敵も味方もなく、人類全体を含んで悉く殲滅の災を免かれぬということになった。今までも何やら不安でしかたのなかったところへ、今度は如何にも現実的にその不安が迫って来たので、如何に想像力の不足な者でも、まざまざとそれを感ずるのである。

中古時代の信仰を失った人々は、科学で救われるものと思った。ところが、その科学は吾々を救うことのかわりに、吾々を殺すことになった。神とか仏とか宗教とかいうものが信ぜられなくなったのは、まあよいとしても、人間は何かの意味で「信」がなくては立って行けぬものなのである。今や、その信の置くところが失くなった、自分自身が信ぜられなくなった。これでは何ともしようがない、そして唯しようがないでは済まされないのである。そこに現代の人々の、単なる不安でなくて、云い知れぬ悩みがあるのだ。

一口に云うと、現代は無信の時代である。今までの信仰を失ったが、それにかわるものの未だに出来ない時代なのである。折角頼みにした科学さえも、自分を救うことをしないで、自分を殺す最も有力な武器になってしまった。どこに救いを求めてよいかわからなくなった。それで生きるには勇気が要ると云うのであるが、この勇気は空元気の勇気ではしかたがない、これには確然たる積極的信仰性によりての裏付けがなくてはならぬのである。それはどこから出て来るか。これがわかると、現代は自ら救われるのである。

最後に、救われるということであるが、これが誤解されがちである。現代を救うと云うと、何か特別な注射薬でもあって、これを注射すると痼疾《こしつ》が直ちになおるというように考えられるのが常である。ところが、現代はそんなにたやすく救われるものではない。救うにも順序があり、また、時間がかかる。

それから、現代というものが、一個の人間のようなものと考えられてはならぬ。現代は一つの抽象的概念であるから、これを実際に救うことは、現代を構成している個人個人の物の見方・考え方の方向を転換するということでなくてはならぬ。

私の見るところでは、東洋の人々なら、もっともっと深く深く吾々の精神文化の根柢に在るものを自覚するように、勉強し、思索し、鍛錬しなくてはならぬのである。今までのように、何もかも西洋かぶれして、それ以外に出られぬようでは、何もならぬ。不安と悩みとは、それでは決して癒されぬのである。実際のところ、不安も悩みも西洋からの舶来なのである。東洋の人々は本来の東洋的なものを養ってゆけばよい。これを土台にすることを忘れたところに、今日の東洋人の失敗がある。

東洋的に宗教的なものは何かと云うに、それは実在の基本と云うべきものを、自己の奥に見ることである。この「自己とは何か」ということは今説くべき余裕をもたぬが、これを「心」と云っておいてよい。その心とは何かと問えば、手近なところで、沢庵和尚の『不動智神妙録』という書物を一読すると、一番よくわかると思う。これは沢庵和尚が柳生但馬守に与えたと伝えられるものである。剣術の奥秘と云うべきものであるが、吾々日常の心得としても十分にその要を得ている。文章もやさしく出来ているので、誰にでも領解が可能である。「斯道今人棄てて土の如し」と云うが、近代人は、吾々の祖先が練りに練って来たものを、忘却する癖がある。

現代の西洋人はどうしたらよいかと云うに、今までの科学文化・基督教文化のほかに、東洋的なもののあることを認識しなくてはならぬのだ。精しく説く暇がないので、今はこれで筆を擱《お》く。

現代人と宗教　無意識層に働きかけるもの

若いものを知りたがる老人

こんな題で何か書けとの依頼だが、実際をいうと、こんなことについて執筆する資格があるかないか、自分ながら疑う次第である。

老眼で雑誌や新聞を始め近刊書の大部分は読むことができず、それから耳が遠くなって、人のいっていることを聞きとることができず、必要の場合、その人との対話によりていくらかわかりがつくというような実際生活をやっている自分では、「現代」なるものと日ごとに遠ざかりするのみで、その実況を知ることは、殆んど全く不可能といってよい。僅かに新聞や雑誌の表題が大文字であるので、それを唯一のたよりとして現代に交渉を持っている。

敗残老朽の廃人、これを動員するのは無理である。しかしそういうものの、老人の実生活は、いつも若いもののいっていることを知りたがって仕様がないのである、まだいくらかの呼吸が通うているのだ。それ故《ゆえ》、何か書けといわれると、断りきれぬのが、老人生涯の矛盾であるといってよい。

憂慮すべき成人の精神異常

これは世界を通しての話だと聞くが、現代の日本人中にも、青少年の犯罪と成人の精神異常が多いとのことである。これは確かに現代生活の一面を反映していて、甚《はなは》だ憂慮すべき事象だと信ずる。宗教を如何《いか》に定義するにしても、この変態を救うべきものは宗教に如《し》くはないと信ずる。

一口にいうと、宗教は、如何なる形態を呈するにしても、その本質は、人間本来具有の創造的能力を、何等不自然の拘束なしに、そのままに、自由に、自制的に、活動せしめんとつとめる性能を持っているものである。

所謂《いわゆ》る迷信というものでも、その究竟は人間の働きを有限から無限へ導入せんとする。迷信はその方向と方法を誤まるので、かえって一個の有限を脱して、また更に他の有限に縛せられる事実がある。但《ただ》しその本来の目的とするところは、人生の各方面において「大用現前《たいゆうげんぜん》、軌則を存せざらしめんとするところにある。

創造性を拘束する現代生活

「大用」とは、自由で創造的な働きとの義である。これをその本来の意義に解し能《あた》うとき、人間はいずれも本来の面目に突き当るのである。これができぬと精神に異常を生ずる。

現代的環境は、人間の創造性を各方面にわたって、拘束し、不自由ならしめんとする。それは何かというに、現代生活は、殆んどあらゆる方面に、人間生活を、制度化し、機械化し、科学化し、一般的概念化し、理性化し、大衆化せんとする。色々の事情もあることで、これはやむを得ぬ次第である。

大衆化は人間の現代生活に不可避の附加物で、これあるがために、便利なこと、経済的なことがあるにはあるが、それだけにまた万事が平板化して、変化性や独創性がなくなり、日常生活に生き生きしたもの、よい意味での刺戟性がなくなる。

人間という存在は、実に矛盾に充ちたものである。

宗教は異常者を平常に戻す

人間は模倣性と同時に個性的なものを持っている。それで、人真似をすると同時に、自分だけのものを誇示せんとする傾向がある。気違いには人真似性が否定せられて、独自性の面に脱線する。人真似性は社会生活をするに大事だが、天才的・独創的性格に富んでいるものには、何だか馬鹿くさく覚えられる。

これが無意識に極度に動くと、非社会的または反社会的になって、人間生活に脅威を加えることになる。宗教はこの面において、狂者を平常に引き戻すことをする。

宗教は人間の「無意識」に働きかける。これによりて異常性の精神を平常に復帰せしめる。それ故に、大衆化・機械化によりて獲得した「時間の余裕」を、吾等「無意識」の修養に利用することを勉強しなければならぬ。刺戟を外面に求めずして、これを内向化せしめるようにしなくてはならぬ。

宗教の現代人に必要たるは、主としてこの方面から鋤《すき》を入れてかからねばならぬ。つまり生活の主観化が現代の日本人に最も緊切だと、自分は信ずる。

◉初出・全集出典一覧――

宗教入門（『知と行』一九四八年一、二、三、四月号／全集22）
宗教について（『円覚』一九五二年一月一日、三月一日、五月一日、七月一日、九月一日／全集29）
少し「宗教」を説く（『少し「宗教」を説く』光融館書店、一九三七年六月／全集22）
宗教とは何ぞや（毎日ライブラリー『宗教』毎日新聞社、一九五四年一月／全集22）
宗教と宗教でないもの（『仏教文化』一九五三年五月号／全集33）
宗教経験の様式四つ（『中外日報』一九二七年八月二十七、二十八、三十、三十一日／全集31）
宗教的経験（『仏教文化』一九四九年七月号／全集33）
宗教と社会（一九四七年八月七日於高岡工業高校講演／全集28）
宗教の生活（『仏教文化』一九五〇年二月号／全集28）
老人と宗教（『大谷大学新聞』第九〇号、一九二八年七月二十日／全集31）
貧乏人と宗教（『大谷大学新聞』第一〇九号、一九三〇年二月十日／全集31）
宗教と奇蹟（『知と行』一九四九年二月号／全集33）
科学と宗教（『仏教思潮』一九四八年九月号／全集33）
民族と宗教（『世界人』一九四八年八月号／全集33）
宗教と平和との関係（『仏教文化』一九五一年三月号／全集33）
宗教は現代をどう救うか（『現代宗教講座2』創文社、一九五四年十一月／全集22）
現代人と宗教（『中日新聞』一九六五年一月九日／全集34）

＊全集（及びその巻数）は、岩波書店版『鈴木大拙全集（増補新版）』を指す。
＊仮名遣いは現代仮名遣いに改めた。一部の難読漢字にはルビを補ったが、平仮名にしたものもある。また、今日では差別的表現ととられかねない表記については、時代状況を配慮するとともに著者物故につきそのままとした。

鈴木大拙
（すずき・だいせつ）

1870年、石川県金沢市生まれ。仏教学者。東京帝国大学選科在学中に、鎌倉・円覚寺で参禅に没頭。禅に関する著作を英語でも執筆し、日本の禅文化を広く海外に紹介した。コロンビア大学や大谷大学などで教鞭を執る。ヨーロッパ神秘思想の紹介にも寄与した。1966年逝去。文化勲章受章。主な著書に、『日本的霊性』『無心ということ』『禅とは何か』『一禅者の思索』『東洋の心』『禅と日本文化』『禅学入門』『神秘主義　キリスト教と仏教』『真宗入門』『鈴木大拙全集』などがある。

宗教とは何ぞや

二〇二〇年一一月二〇日　初版印刷
二〇二〇年一一月三〇日　初版発行
著　者――鈴木大拙
発行者――小野寺優
発行所――株式会社河出書房新社
〒一五一-〇〇五一
東京都渋谷区千駄ヶ谷二-三二-二
電　話――〇三-三四〇四-一二〇一〔営業〕
〇三-三四〇四-八六一一〔編集〕
http://www.kawade.co.jp/
組　版――株式会社ステラ
印　刷――株式会社亨有堂印刷所
製　本――小泉製本株式会社

ISBN978-4-309-24982-7
Printed in Japan

鈴木大拙・著

禅のつれづれ

悟とは、一心不乱である。——
禅研究の泰斗・鈴木大拙。
その魅力は生誕150年を迎えた今日、
ますます輝きを帯びている。
あらためて「禅とはなにか」を知る、
そして、日本人とは、東洋の叡智とは、
なにか——。わかりやすい文章を集めた、
大拙入門ともいえる遺稿エッセイ集。

河出書房新社